Margaret Ogilvy

JM Barrie

Writat

Cette édition parue en 2024

ISBN : 9789359941677

Publié par
Writat
email : info@writat.com

Inhalt

KAPITEL I
Wie meine Mutter zu ihrem weichen Gesicht kam

Am Tag meiner Geburt kauften wir sechs Stühle mit Haarboden, und in unserem kleinen Haus war es ein Ereignis, der erste große Sieg im langen Feldzug einer Frau; wie sie erwirtschaftet worden waren , die Pfundnote und die dreiunddreißig Penny -Stücke, die sie kosteten, welche Angst man vor dem Kauf hatte, die Show, die sie im Besitz des Westzimmers machten, die unnatürliche Kühle meines Vaters, als er sie hereinbrachte (aber sein Gesicht war weiß) – Ich habe die Geschichte danach so oft gehört und als Junge und Mann an so vielen ähnlichen Triumphen teilgenommen, dass es mir so vorkommt, als ob ich mich an das Kommen der Stühle erinnere, als wäre ich zuerst aus dem Bett gesprungen Tag, und laufen Sie Ben, um zu sehen, wie sie aussahen. Ich bin mir sicher, dass die Füße meiner Mutter lange bevor man ihnen trauen konnte, darauf bedacht waren, gebeugt zu werden, und dass man sie in dem Augenblick, nachdem sie mit mir allein gelassen worden war , barfuß im Westzimmer entdeckte, wo sie eine Narbe behandelte (die sie als Erste entdeckt hatte).) auf einem der Stühle sitzen, sich majestätisch darauf setzen oder sich zurückziehen und plötzlich die Tür wieder öffnen, um die sechs zu überraschen. Und dann, glaube ich, wurde ein Schal über sie geworfen (es kommt mir seltsam vor, dass nicht ich es war, der ihr mit dem Schal nachlief), und sie wurde streng zurück ins Bett geführt und daran erinnert, dass sie versprochen hatte, sich nicht zu rühren , worauf ihre Antwort wahrscheinlich war, dass sie nur einen Augenblick weg gewesen sei, und die Schlussfolgerung, dass sie deshalb überhaupt nicht weg gewesen sei. So wurde mir sofort ein kleiner Teil von ihr offenbart: Ich frage mich, ob ich es zur Kenntnis genommen habe. Nachbarn kamen herein, um den Jungen und die Stühle zu sehen. Ich frage mich, ob sie mich getäuscht hat, als sie glaubte, es gäbe noch andere wie uns, oder ob ich sie von Anfang an durchschaut habe, sie war so leicht zu durchschauen. Als sie anscheinend ihrer Meinung war, dass es unmöglich sei, mir eine College-Ausbildung zu ermöglichen, ließ ich mich dann so leicht hereinlegen, oder wusste ich bereits, welche Ambitionen hinter diesem lieben Gesicht brannten? Als sie von den Stühlen sprachen, als das Ziel schnell erreicht war, war ich da so ein Neuling, dass ihre schüchternen Lippen sagen mussten: „Sie sind nur ein Anfang", bevor ich die Worte hörte? Und als wir zusammen blieben, lachte ich dann über die großartigen Dinge, die ihr durch den Kopf gingen, oder musste sie sie mir zuerst zuflüstern, und dann legte ich meinen Arm um sie und sagte ihr, dass ich helfen würde? So war es so lange Zeit: Es ist für mich seltsam, das Gefühl zu haben, dass es nicht von Anfang an so war.

Das ist alles eine Mutmaßung über sechs Jahre hinweg, und die Frau, die ich darin sehe, ist die Frau, die plötzlich in mein Blickfeld kam, als sie zu Ende waren. Ihre schüchternen Lippen habe ich gesagt, aber sie waren damals nicht schüchtern, und als ich sie kannte , waren die schüchternen Lippen gekommen. Das weiche Gesicht – man sagt, das Gesicht war damals nicht so weich. Der Schal, der über sie geworfen war – wir hatten nicht damit begonnen, sie mit einem Schal zu jagen, noch hatten wir begonnen, unsere Körper als Schutzschild zwischen ihr und der Zugluft zu nutzen, noch hatten wir begonnen, ein paar Mal in der Nacht in ihr Zimmer zu schleichen und ihr zuzusehen als sie schlief. Wir sahen damals nicht, wie sie klein wurde, und drehten auch nicht scharf den Kopf, als sie verwundert sagte, wie klein ihre Arme geworden seien. In ihren glücklichsten Momenten – und nie war eine Frau glücklicher – begann ihr Mund nicht plötzlich zu zucken und Tränen liefen in die stummen blauen Augen, in denen ich alles gelesen habe, was ich weiß und jemals schreiben möchte. Denn als du meiner Mutter in die Augen sahst, wusstest du, als hätte er dir gesagt, warum Gott sie in die Welt geschickt hat – um den Geist aller zu öffnen, die auf schöne Gedanken blickten. Und das ist der Anfang und das Ende der Literatur. Diese Augen, die ich erst sehen konnte, als ich sechs Jahre alt war, haben mich durch das Leben geführt, und ich bete zu Gott, dass sie bis zuletzt mein einziger irdischer Richter bleiben mögen. Niemals waren sie mein Führer mehr als damals, als ich half, sie auf die Erde zu bringen. Ich jammerte nicht, weil meine Mutter nach sechsundsiebzig glorreichen Lebensjahren weggebracht worden war, sondern jubelte sogar am Grab über sie.

Sie hatte einen Sohn, der weit weg in der Schule war. Ich erinnere mich nur sehr wenig an ihn, nur daran, dass er ein fröhlich aussehender Junge war, der wie ein Eichhörnchen auf einen Baum rannte und mir die Kirschen in den Schoß schüttelte. Als er dreizehn war und ich halb so alt wie er, kam die schreckliche Nachricht, und mir wurde gesagt, dass das Gesicht meiner Mutter in ihrer Ruhe schrecklich war, als sie sich auf den Weg machte, um zwischen den Tod und ihren Jungen zu gelangen. Wir trotteten mit ihr den Berg hinunter zum hölzernen Bahnhof, und ich glaube, ich beneidete sie um die Fahrt in den geheimnisvollen Waggons; Ich weiß, dass wir um sie herum gespielt haben, stolz auf unser Recht, dort zu sein, aber ich kann mich nicht daran erinnern, ich spreche nur vom Hörensagen. Ihre Fahrkarte wurde uns abgenommen, sie hatte sich mit diesem kämpfenden Gesicht, das ich nicht sehen kann, von uns verabschiedet, und dann kam mein Vater aus dem Telegraphenbüro und sagte heiser: „Er ist weg!“ Dann drehten wir uns ganz leise um und gingen den kleinen Bach hinauf wieder nach Hause. Aber ich spreche nicht mehr vom Hörensagen; Ich kannte meine Mutter schon ewig .

Dadurch bekam sie ihr sanftes Gesicht, ihr erbärmliches Wesen und ihre große Barmherzigkeit, und deshalb rannten andere Mütter zu ihr, wenn sie ein Kind verloren hatten. „Ich grüße nicht, die arme Janet", sagte sie zu ihnen; und sie antworteten: „Ah, Margaret, aber du grüßst dich selbst ." Margaret Ogilvy war ihr Mädchenname gewesen, und nach schottischem Brauch hieß sie für ihre alten Freunde immer noch Margaret Ogilvy. Margaret Ogilvy, ich liebte es, sie zu nennen. Als ich ein Junge war, fragte ich oft: „Margaret Ogilvy, bist du da?" Ich würde die Treppe hochrufen.

Von dieser Stunde an war sie immer empfindlich und viele Monate lang war sie sehr krank. Ich habe gehört, dass das erste, was sie sehen wollte, das Taufgewand war, und dass sie es lange betrachtete und dann ihr Gesicht zur Wand wandte. Das war es, was mich als Junge dazu brachte, es immer als das Gewand zu betrachten, in dem er getauft wurde, aber ich wusste später, dass wir alle darin getauft worden waren, vom Ältesten der Familie bis zum Jüngsten, zwischen denen zwanzig Jahre lagen. Auch Hunderte anderer Kinder wurden darin getauft. Solche Gewänder waren damals ein seltener Besitz und wurden von uns zum Ruhm meiner Mutter geliehen. Es wurde vorsichtig von Haus zu Haus getragen, als wäre es selbst ein Kind; Meine Mutter machte viel daraus, strich es glatt, streichelte es, lächelte es an, bevor sie es denen in die Arme legte, denen es geliehen wurde; Sie war in unserer Bank und sah zu, wie es prachtvoll (jetzt war etwas drin) den Gang entlang zur Kanzel getragen wurde, als ein Aufruhr der Erwartung durch die Kirche ging und wir einander unter dem Bücherbrett mit den Füßen traten, aber in der Andacht ehrfürchtig waren Gesicht; Und wie auch immer sich das Kind verhielt, dreist lachte oder zur Schande seiner Mutter herumfuchtelte, und was auch immer der Vater tun mochte, während er es hochhielt, wahrscheinlich tatkräftig dreinblickte und sich zur falschen Zeit verneigte, das Taufgewand aus langer Erfahrung half ihnen dabei. Und als es ihr zurückgebracht wurde, nahm sie es so sanft in ihre Arme, als ob es schlafen würde, und drückte es unbewusst an ihre Brust: Es gab nie etwas im Haus, das so beredt zu ihr sprach wie dieses kleine weiße Gewand ; Es war eines ihrer Kinder, das immer ein Baby blieb. Und sie hatte es nicht selbst gemacht, was für mich das Wunderbarste daran war, denn sie schien alles andere gemacht zu haben. Alle Kleidungsstücke im Haus waren von ihr gefertigt, und man kennt sie nicht im Geringsten, wenn man glaubt, sie seien aus der Mode gekommen; Sie drehte sie um und machte sie wieder neu, sie schlug sie und machte sie wieder neu, und dann überredete sie sie zum letzten Mal, wieder neu zu sein, sie ließ sie heraus und nahm sie hinein und band einen neuen Zopf an und fügte einen hinzu Sie wurden von einem Familienmitglied zum anderen weitergegeben, bis sie das Jüngste erreichten, und selbst als wir mit ihnen fertig waren, tauchten sie als etwas anderes wieder auf. In der Mode! Ich muss darauf zurückkommen. Noch nie hatte eine Frau ein solches Gespür dafür. Sie hatte keine Modemarken; sie brauchte sie nicht. Die Frau des Ministers (ein Umhang), die Töchter des Bankiers (der neue Ärmel) – sie brauchten nur ein einziges Mal an unserem Fenster vorbeizukommen, und der Skalp lag sozusagen in den Händen meiner Mutter. Beobachten Sie, wie sie mit der Schere in der Hand und dem Faden im Mund zu den Schubladen eilt, in denen die Sabbatkleidung ihrer Töchter aufbewahrt wird. Oder gehen Sie nächsten Sonntag in die Kirche und beobachten Sie, wie eine bestimmte Familie hereinströmt. Der Junge streckt die Beine hoch, um seine neuen Stiefel zu zeigen, alle anderen hingegen sind zurückhaltend, besonders die schüchterne, unaufmerksame kleine Frau im Hintergrund. Wenn Sie an diesem Tag die Frau des Ministers oder die Töchter des Bankiers wären, hätten Sie einen Schock bekommen. Aber sie kaufte das Taufgewand, und wenn ich sie fragte, warum, strahlte sie und machte ein bewusstes Gesicht und sagte, sie wolle einmal extravagant sein. Und sie erzählte mir, immer noch lächelnd, dass je mehr eine Frau sich dem Nähen und Herstellen von Dingen widmete, desto größer sei ihr leidenschaftlicher Wunsch, hin und wieder in die Geschäfte zu eilen und „dumm zu sein". Das Taufkleid mit seinen armseligen Rüschen ist mittlerweile über ein halbes Jahrhundert alt und beginnt ein wenig herabzuhängen, wie ein Gänseblümchen, dessen Zeit vorbei ist; aber es wird so liebevoll zusammengehalten wie eh und je: Ich habe es erst neulich wieder in Gebrauch gesehen.

Meine Mutter lag im Bett, das Taufgewand neben sich, und ich schaute mehrmals durch die Tür und ging dann zur Treppe, setzte mich darauf und schluchzte. Ich weiß nicht, ob es an diesem ersten Tag oder viele Tage danach war, als zu mir, meiner Schwester, die Tochter kam, die meine Mutter am meisten liebte; Ja, mehr noch, da bin ich mir sicher, als dass sie mich liebte, deren großer Ruhm sie war, seit ich sechs Jahre alt war. Diese Schwester, die gerade ihre Teenagerjahre verließ, kam mit sehr besorgtem Gesicht und händeringend zu mir und sagte mir, ich solle zu meiner Mutter gehen und ihr sagen, dass sie noch einen Jungen habe. Ich ging aufgeregt, aber das Zimmer war dunkel, und als ich hörte, wie sich die Tür schloss und kein Geräusch aus dem Bett kam , hatte ich Angst und blieb stehen. Ich schätze, ich atmete schwer, oder vielleicht weinte ich, denn nach einer Weile hörte ich eine lustlose Stimme, die noch nie zuvor lustlos gewesen war, sagen: „Bist du das?" Ich glaube, der Ton tat mir weh, denn ich gab keine Antwort, und dann sagte die Stimme noch besorgter: „Bist du das?" wieder. Ich dachte, es sei der tote Junge, mit dem sie sprach, und sagte mit einsamer Stimme: „Nein, er ist es nicht, das bin nur ich." Dann hörte ich einen Schrei, und meine Mutter drehte sich im Bett um, und obwohl es dunkel war, wusste ich, dass sie ihre Arme ausstreckte.

Danach saß ich viel in ihrem Bett und versuchte, sie ihn vergessen zu lassen, was meine schlaue Art war, den Arzt zu spielen, und wenn ich sah, dass jemand draußen etwas tat, was die anderen zum Lachen brachte , eilte ich sofort in dieses dunkle Zimmer und habe es vor ihr getan. Ich glaube, ich war eine seltsame kleine Figur; Mir wurde gesagt, dass mein Wunsch, sie aufzuhellen, meinem Gesicht einen angespannten Ausdruck verlieh und den Witz zum Zittern brachte (ich stand auf dem Kopf im Bett, die Füße an der Wand, und weinte dann aufgeregt: „Lachst du? Mutter?') – und vielleicht war mir das, was sie zum Lachen brachte, etwas, dessen ich mir nicht bewusst war, aber sie lachte ab und zu plötzlich, woraufhin ich dieser lieben Schwester, die immer auf mich wartete, jubelnd zurief, sie solle kommen und sich den Anblick ansehen, aber Als sie kam, war das weiche Gesicht wieder nass. Dadurch wurde ich eines Teils meines Ruhms beraubt, und ich erinnere mich, dass ich sie einmal nur vor Zeugen zum Lachen gebracht habe. Ich zeichnete ihr Lachen auf einem Blatt Papier auf, für jedes einen Strich, und es war meine Gewohnheit, dies jeden Morgen stolz dem Arzt zu zeigen. Als ich es ihm zum ersten Mal in die Hand gab, waren es fünf Schläge, und als ihm die Bedeutung erklärt wurde, lachte er so laut, dass ich rief: „Ich wünschte, das wäre einer von ihr!" Dann war er mitfühlend und fragte mich, ob meine Mutter die Zeitung schon gesehen habe, und als ich den Kopf schüttelte , sagte er, wenn ich sie ihr jetzt zeige und ihr sage, dass dies ihre fünf Lacher seien, dachte er, ich könnte noch einen gewinnen. Ich hatte weniger Selbstvertrauen, aber er war der geheimnisvolle Mann, zu dem man mitten in der Nacht gerannt ist (man hat Sand an sein Fenster geworfen, um ihn zu wecken, und wenn es nur Zahnschmerzen waren, zog er den Zahn durch das offene Fenster, aber als es so war Etwas strenger war er sofort mit dir auf dem dunklen Platz, wie ein Mann, der in seinem Mantel schlief), also tat ich, was er mir befahl, und sie lachte nicht nur dann, sondern noch einmal, als ich das Lachen unterdrückte, so dass das doch so war Es war wirklich ein Lachen mit einer Träne in der Mitte, ich habe es als zwei gezählt.

Es war zweifellos dieselbe Schwester, die mir sagte, ich solle nicht schmollen, wenn meine Mutter da lag und an ihn dachte, sondern stattdessen versuchen, sie dazu zu bringen, über ihn zu reden. Ich konnte mir nicht vorstellen, wie sie dadurch zu der fröhlichen Mutter werden konnte, die sie einmal war, aber mir wurde gesagt, dass niemand es schaffen könnte, wenn ich es nicht könnte, und das weckte in mir den Wunsch, damit anzufangen. Anfangs, so heißt es, war ich oft eifersüchtig und stoppte ihre schönen Erinnerungen mit dem Ausruf: „Stört dich nichts an mir?" aber das hielt nicht an; An seine Stelle trat der starke Wunsch (wieder, glaube ich, meine Schwester hat ihn zum Leben erweckt), ihm so ähnlich zu werden, dass nicht einmal meine Mutter den Unterschied bemerken sollte, und zu diesem Zweck stellte ich viele und raffinierte Fragen . Dann habe ich heimlich geübt , aber nach einer ganzen Woche war ich immer noch ganz ich selbst. Er hatte so eine fröhliche Art zu pfeifen, hatte sie mir erzählt, es habe ihr bei der Arbeit immer Freude gemacht, ihn pfeifen zu hören, und wenn er pfiff, stand er mit gespreizten

Beinen da und die Hände in den Taschen seiner Knickerbocker. Ich beschloss, darauf zu vertrauen, und so zog ich eines Tages, nachdem ich seine Pfeife (jeder Unternehmerjunge erfindet seine eigene Pfeife) von seinen ehemaligen Kameraden gelernt hatte, heimlich einen Anzug seiner dunkelgrauen Kleidung an , mit kleinen Flecken, und sie passten mir viele Jahre später an, und so verkleidet schlüpfte ich, ohne dass die anderen es wussten, in das Zimmer meiner Mutter. Ich bezweifle nicht, dass ich zitterte und doch so erfreut war, dass ich still stehen blieb, bis sie mich sah, und dann – wie sehr es ihr wehgetan haben muss! 'Hören!' Ich weinte vor Triumph, streckte die Beine weit auseinander, steckte die Hände in die Taschen meiner Knickerbocker und begann zu pfeifen.

Sie lebte neunundzwanzig Jahre nach seinem Tod, so aktive Jahre bis zum Ende, dass man nie wusste, wo sie war, es sei denn, man nahm sie in die Hand, und obwohl sie von nun an gebrechlich war und immer gebrechlicher wurde, wurde ihre Haushaltsführung wieder berühmt, also dass Bräute ganz selbstverständlich vorbeikamen, um zuzusehen, wie sie kam , schleifte und nähte: Es gibt immer noch alte Leute, ein oder zwei, die mit Staunen in den Augen erzählen, wie sie vierundzwanzig Bannocks in der Stunde backen konnte, und nicht ein Chip in einem von ihnen. Und wie viele gab sie weg, wie viel gab sie von allem weg, was sie hatte, und was für schöne Möglichkeiten sie hatte, es zu verschenken! Ihr Gesicht strahlte und kräuselte sich wie zuvor vor Heiterkeit, und ihr Lachen, das ich so sehr versucht hatte zu erzwingen, kam wieder nach Hause. Ich habe kein solches Lachen wie ihres gehört, außer von fröhlichen Kindern; Das Lachen der meisten von uns altert und lässt mit dem Körper nach, aber ihr Lachen blieb bis zuletzt fröhlich, als ob es jeden Morgen neu geboren würde. In ihr war immer etwas von dem Kind, und ihr Lachen war seine Stimme, die für mich ebenso beredt von der Vergangenheit war wie das Taufkleid für sie. Aber ich hatte sie nicht den Teil von ihr vergessen lassen, der tot war; in diesen neunundzwanzig Jahren entfernte er sich keinen Tag weiter von ihr. Oft schlief sie ein, während sie mit ihm redete, und selbst während sie schlief, bewegten sich ihre Lippen und sie lächelte, als wäre er zu ihr zurückgekehrt, und als sie aufwachte, verschwand er vielleicht so plötzlich, dass sie verwirrt auffuhr und sich umsah, und Dann sagte er langsam: „Mein David ist tot!" oder vielleicht blieb er lange genug, um zu flüstern, warum er sie jetzt verlassen musste, und dann lag sie stumm und mit filmischen Augen da. Als ich ein Mann wurde und er noch ein Junge von dreizehn Jahren war, schrieb ich einen kleinen Aufsatz mit dem Titel „In diesen zwanzig Jahren tot", in dem es um eine ähnliche Tragödie im Leben einer anderen Frau ging, und das ist das Einzige, was ich jemals geschrieben habe sprach, nicht einmal mit der Tochter, die sie am meisten liebte. Niemand hat jemals mit ihr darüber gesprochen oder sie gefragt, ob sie es gelesen hat: Man fragt eine Mutter nicht, ob sie weiß, dass es im Haus einen kleinen Sarg gibt. Sie las viele Male das Buch, in dem es

abgedruckt ist, aber wenn sie zu diesem Kapitel kam , legte sie ihre Hände
an ihr Herz oder sogar an ihre Ohren.

KAPITEL II
: Was sie gewesen war

Was sie gewesen war, was ich sein sollte, das waren die beiden großen Themen zwischen uns in meiner Kindheit, und während wir über das eine diskutierten , entschieden wir uns für das andere, obwohl keiner von uns es wusste.

Bevor ich mein zehntes Lebensjahr erreichte, drang in der Nacht ein Riese in meine Heimat ein, und als wir aufwachten, stellten wir fest, dass er von ihm besessen war. Er verwandelte es in einer Geschwindigkeit in eine neue Stadt, mit der nur wir Jungen mithalten konnten, denn so schnell er Dämme baute , bauten wir Flöße, um darin zu segeln; Er riss Häuser nieder, und da schrien wir „ Pilly !" zwischen den Ruinen; er hat Gräben gegraben, und wir sind darüber gesprungen; Wir mussten an den Beinen unter seinen Motoren hervorgezogen werden, er bohrte Brunnen und wir gingen hinein. Aber obwohl es nie Umstände gab, an die sich Jungen nicht in einer halben Stunde gewöhnen konnten, sind die Älteren langsamer in der Aufnahme, und ich bin sicher, sie standen fassungslos da, als die Veränderungen so plötzlich in unserer Mitte vor sich gingen, und wussten kaum, wie sie sich auskennen Zuhause jetzt im Dunkeln. Wo früher gewesen war, aber das Klicken des Schiffchens war bald das Brüllen der „Macht", Handwebstühle wurden in eine Ecke geschoben, als ein Raum für einen Tanz frei gemacht wurde; Jeden Morgen um halb fünf wurde die Stadt von einem Schrei geweckt, und aus einem Schornstein, der hoch in die Luft unseres Anrufers ragte, schwenkte der Eroberer für immer seine Rauchfahne. Eine andere Ära war angebrochen, neue Bräuche, neue Moden entstanden, alle so lustvoll, als wären sie mit einundzwanzig geboren worden; So schnell wie zwei Menschen ihre Sitze tauschen können, wurde die Tochter, die bisher nur Strümpfe strickte, zur Ernährerin, der Ernährer setzte sich zum Stricken der Strümpfe: Was gestern ein Nest von Webern war, war heute eine Stadt der Mädchen.

Ich gehöre nicht zu denen, die die Veränderung mit Steinen bewerfen würden; Es ist sicherlich etwas, dass der Rücken nicht mehr vorzeitig gebeugt wird; Du darfst nein Andere blicken durch dunkle Glasscheiben auf die betagten Armen, die zitternd um ihr kleines Stück Land auf dem Friedhof kämpfen. Vielmehr sind ihre Arbeitsjahre jetzt zu gering, nicht weil sie es so wollen, sondern weil die Webstühle mit der Jugend gefüttert werden müssen. Nun, das lehrt sie, für Vorsorge zu sorgen, und sie verfügen über die Mittel, die sie nie zuvor hatten. Jungen werden jetzt nicht mehr in großen Mengen aufs College geschickt; das halbe Dutzend pro Jahr ist auf eins geschrumpft, zweifellos weil sie heutzutage beginnen können, Löhne zu beziehen, wenn sie aus ihrem vierzehnten Jahr kommen. Hier gibt es sicherlich Verluste, aber alle Verluste wären nur ein Kieselstein im Meer des Gewinns, wenn nicht so viele Familienmitglieder, darunter junge Mütter, in den Fabriken arbeiten, und das Privatleben nicht so schön wäre wie es war. Vieles von dem, was Schottland großartig macht, ist der engen familiären Bindung zu verdanken; Dort fürchte ich manchmal, dass mein Land angegriffen wird. Dass wir alle auf eine tote Ebene reduziert werden, dass der Charakter nicht mehr vorhanden ist und das Leben selbst weniger interessant ist, solche Dinge habe ich gelesen, aber ich glaube sie nicht. Ich habe sie sogar als Grund für mein Schreiben über eine vergangene Zeit gesehen, und zumindest daran ist nichts Wahres dran. In unserer kleinen Stadt, die ein Beispiel für viele ist, ist das Leben so interessant, so erbärmlich, so fröhlich wie eh und je; Es gibt keine Gruppe von Webern, die besser anzusehen oder an die man besser denken kann, als der Bach anmutiger Mädchen, der jedes Mal, wenn die Schleuse hochgefahren wird, unsere Straßen überflutet, die Komödie von Sommerabenden und Winterfeuerstellen mit der alten Begeisterung gespielt wird und jede Fensterjalousie die gleiche ist Vorhang einer Romanze. Wenn die Lichter einer kleinen Stadt einmal angezündet sind, wer könnte dann jemals hoffen, ihre ganze Geschichte oder die Geschichte eines einzelnen Wynds darin zu erzählen? Und wer muss beim Blick auf erleuchtete Fenster schon zu Büchern greifen? Der Grund dafür, dass sich meine Bücher mit der Vergangenheit befassen und nicht mit dem Leben, das ich selbst gekannt habe, liegt einfach darin, dass ich es bald satt habe, Geschichten zu schreiben, wenn ich nicht ein kleines Mädchen sehe, von dem mir meine Mutter erzählt hat, das selbstbewusst durch die Seiten wandert . Ihre Erinnerung an ihre Kindheit hat mich so fest im Griff, seit ich sechs Jahre alt war.

Diese unzähligen Gespräche mit ihr machten ihre Jugend für mich genauso lebendig wie meine eigene und umso uriger , denn für ein Kind ist es das Merkwürdigste und farbenprächtigste Bilderbuch , dass seine Mutter einmal ein Kind war Und der Kontrast zwischen dem, was sie ist, und dem, was sie war, ist vielleicht die Quelle allen Humors . Der Vater meiner Mutter, der einzige Held ihres Lebens, starb neun Jahre vor meiner Geburt, und ich erinnere mich mit Verwirrung daran, so vertraut erhebt sich die wettergegerbte Maurerfigur vor mir von dem alten Stuhl, auf dem ich gestillt wurde, und schreibt jetzt meine Bücher. An der Oberfläche ist er so hart wie der Stein, den er gemeißelt hat , und sein Gesicht ist vom Staub rot gefärbt, er hat rundliche Schultern und ein „ Schimpfen “ verfolgt ihn immer; Früher oder später muss ihn dieser Husten forttragen, aber bis dahin wird er ihn nicht von der Beute fernhalten, ebenso wenig wie seine rissigen Hände, solange sie den Geruch fassen können . Es ist eine Nacht mit Regen oder Schnee, und meine Mutter, das kleine Mädchen in einer Schürze, die bereits seine Haushälterin ist, war viele Male an der Tür, um nach ihm zu suchen. Endlich kommt er näher und jubelt . Oder ich sehe ihn auf dem Weg zur Kirche, denn er war ein großer „Bückling“ der Auld-Licht-Kirche, und sein Mund ist jetzt sehr fest, als müsste er sich einer Disziplinarmaßnahme stellen, aber auf dem Heimweg wird er mit einer Verbeugung verbeugt Mitleid. Vielleicht versteht seine kleine Tochter, die ihn vor einer Stunde so streng gesehen hat, nicht, warum er heute Abend so lange im Gebet ringt oder warum er sie, als er sich von den Knien erhebt, mit ungewohnter Zärtlichkeit an sich drückt. Oder er sitzt auf diesem Stuhl und wiederholt ihr sein Lieblingsgedicht „Der Traum des Kameruners ", und in den ersten Zeilen, die er so feierlich ausspricht:

„In einem Traum der Nacht wurde ich weggetragen"

Sie schreit vor Aufregung, genau wie ich lange danach geschrien habe, als sie es mir mit seiner Stimme wiederholte. Oder ich beobachte wie aus einem Fenster, wie sie durch die langen Parks zu dem fernen Ort geht, an dem er arbeitet, in der Hand einen Krug mit seinem Abendessen. Sie singt vor sich hin und schwingt fröhlich den Krug, sie springt über die Brandstelle und misst stolz den Sprung mit ihrem Auge, aber sie trödelt nie, es sei denn, sie trifft ein Baby, denn sie liebte Babys so sehr, dass sie jedes, das ihr begegnete, umarmen musste. Aber während sie sie umarmte, bemerkte sie auch, wie ihre Gewänder geschnitten waren, und fertigte anschließend Papiermuster an, die sie eifersüchtig verbarg, und mit der Zeit wurde ihr erstes Gewand für ihren ältesten Sohn nach einem dieser Muster angefertigt, als sie noch Kind war in ihrem zwölften Jahr.

Sie war acht Jahre alt, als der Tod ihrer Mutter sie zur Herrin des Hauses und zur Mutter ihres kleinen Bruders machte, und von da an schrubbte und flickte sie, backte und nähte und stritt sich mit dem Fleischer um das Viertelpfund Rindfleisch und Penny Bone, das das Abendessen lieferte zwei Tage lang (aber wenn Sie denken, dass das Armut war, wissen Sie nicht, was das Wort bedeutet), und sie trug das Wasser aus der Pumpe und hatte ihre Waschtage und ihr Bügeln und einen Strumpf immer am Draht seltsame Momente, klatschte wie eine Matrone mit den anderen Frauen und belustigte die Männer mit einem toleranten Lächeln – all diese Dinge tat sie wie selbstverständlich, sprang morgens freudig aus dem Bett, weil es so viel zu tun gab, und tat es so gründlich und gelassen, als ob die Bräute bereits Unterricht hätten, und stürmte dann in einem Anfall von Kindlichkeit hinaus, um mit anderen in ihrem Alter Dumps oder Palaulays zu spielen. Ich sehe, wie ihre Kleider länger werden, obwohl sie nie sehr kurz sind, und wie sie die Spiele widerwillig aufgibt. Der Schrecken meiner Kindheit bestand darin, dass ich wusste, dass die Zeit kommen würde, in der auch ich das Spielen aufgeben musste, und wie das geschehen sollte, sah ich nicht (diese Qual kehrt immer noch in Träumen zu mir zurück, wenn ich mich beim Murmelspielen ertappe usw.) mit kaltem Unmut zusehen); Ich spürte, dass ich im Verborgenen weiterspielen musste, und ich brachte diesen Schatten zu ihr, als sie mir ihre eigene Erfahrung erzählte, die uns beide davon überzeugte, dass wir uns innerlich sehr ähnlich waren. Sie hatte herausgefunden, dass Arbeit am meisten Spaß macht, und ich habe es mit der Zeit gelernt, aber ich habe auch Fehler gemacht, und sie auch.

Ich weiß, was ihr Lieblingskostüm war, als sie in dem Alter war, aus dem man Heldinnen macht: Es war ein blasses Blau mit einer blassblauen Haube, deren weiße Bänder unter dem Kinn lästig zusammengebunden waren, und als sie zu diesem Gewand befragt wurde, gab sie es nie zu dass sie darin hübsch aussehe, aber sie sagte, auch mit Röte, dass Blau ihre Farbe sei , und dann lächelte sie vielleicht, wie bei einer Erinnerung, und begann, uns von einem Mann zu erzählen, der – aber damit endete es mit einem weiteren Lächeln was länger dauerte. Sie sagte nie, ja sie leugnete energisch, dass sie die Männer zum Tanz geführt hatte, doch wieder kehrte das Lächeln zurück und trennte uns von unserem vollen Glauben. Ja, sie hatte ihre kleinen Eitelkeiten; Als sie den Mizpah-Ring bekam, trug sie diesen Finger so, dass es auch die Widerspenstigsten sehen mussten. Sie achtete sehr auf ihre Handschuhe und versteckte ihre Stiefel, damit niemand sie anziehen konnte, und dann vergaß sie ihr Versteck und hatte Zweifel an dem, der sie gefunden hatte. Eine gute Möglichkeit, sie zu erzürnen, bestand darin, ihr zu sagen, dass ihre letztjährige Haube auch in diesem Jahr unverändert bleiben würde, oder dass es der Erde trotzen würde, die Anzahl ihrer Schals zu zählen. In einem meiner Bücher geht es um eine Mutter, die sich mit ihrem Sohn auf den Weg in die Stadt macht, in die er als Pfarrer berufen wurde, und sie bleibt auf der Schwelle stehen, um ihn besorgt zu fragen, ob er glaubt, dass ihr Hut sie „enttäuscht". Ein Rezensent sagte, sie habe so gehandelt, nicht weil es ihr wichtig war, wie sie aussah, sondern um ihres Sohnes willen. Ich erinnere mich, dass das meine Mutter sehr amüsierte.

Ich habe viele ermüdende Schneefälle gesehen, aber der Schneefall, an den ich mich am besten zu erinnern scheine, ereignete sich fast zwanzig Jahre vor meiner Geburt. Es war zu der Zeit, als meine Mutter jemanden heiratete, der sich als sehr liebevoll erwies, da er immer ein beliebter Ehemann war, ein Mann, auf den ich sehr stolz bin, meinen Vater nennen zu dürfen. Ich weiß nicht, wie viele Tage lang der Schnee gefallen war, aber es kam der Tag, an dem die Menschen den Mut verloren und keine weiteren Schluchten mehr schaffen wollten, und am nächsten Morgen war dies unmöglich, da sie den Schnee nicht hoch genug schleudern konnten. Als der Sonntag kam, stand er mit der Rückseite an jeder Tür, und niemand wagte sich hinaus, bis auf ein paar tapfere Leute, die sich in das Haus meiner Mutter drängten, um über ihre missliche Lage zu sprechen, denn wenn sie an diesem Tag nicht in der Kirche „ausgeweint" wurde, war sie vielleicht nicht verheiratet noch eine Woche, und wie konnte sie geweint werden, während der Pfarrer ein Feld entfernt und die Kirche bis zur Hüfte begraben war? Stundenlang unterhielten sie sich, und schließlich machten sich einige Männer auf den Weg zur Kirche, die mehrere hundert Meter entfernt war. Drei von ihnen fanden ein Fenster, zwängten sich hindurch und weinten, und so kam es, dass mein Vater und meine Mutter am ersten März heirateten.

Das wäre vermutlich das Ende, wenn es eine Geschichte wäre, aber für meine Mutter war es nur ein weiterer Anfang und nicht der letzte. Ich sehe, wie sie sich über die Wiege ihres Erstgeborenen beugt, das College für ihn bereits in ihren Augen (und meinen Vater nicht weniger ehrgeizig), und bald ist es ein Mädchen, das in der Wiege liegt, und dann ein anderes Mädchen – schon eine tragische Figur an diejenigen, die das Ende kennen. Ich frage mich, ob irgendein Instinkt meiner Mutter gesagt hat, dass der große Tag ihres Lebens die Geburt dieses Kindes war. Was ich sicher bin, ist, dass das Kind ihr von Anfang an mit den wehmütigsten Augen folgte und sah, wie sehr sie Hilfe brauchte und sich danach sehnte, aufzustehen und sie zu geben. Denn an körperlicher Stärke hatte meine Mutter nie viel; Es war ihr Geist, der die Arbeit überstand, und in jenen Tagen war sie oft so krank, dass der Sand auf das Fenster des Arztes regnete und Männer mit Blutegeln hin und her rannten , und „sie ist im Leben, wir können nichts mehr sagen" war die Information für diejenigen, die an die Tür klopften. „Es tut mir leid, sagen zu müssen", schreibt ihr Vater in einem alten Brief, der mir jetzt vorliegt, „dass Margaret in einem Zustand ist, in dem es ihr noch nie zuvor auf dieser Welt so schlecht ging." Bis Mittwochnacht war ihr Zustand so schlecht, wie man es sich nur vorstellen kann. Doch nach Blutungen, Blutegeln usw. sagt der Arzt heute Morgen, dass es ihm jetzt besser gehe, aber im Moment können wir nichts mehr sagen, aber nur sie lebt und ist in den Händen von Ihm, in dessen Händen unser ganzes Leben liegt. Ich kann Ihnen keinen angemessenen Überblick über meine Gefühle geben, tatsächlich sind sie eine zu schwere Last für mich und ich kann sie nicht beschreiben. Ich schaue auf meine rechte und linke Hand und finde keinen Trost, und wenn es nicht den Felsen gäbe, der höher ist als ich, würde mein Geist völlig fallen, aber gesegnet sei sein Name, der die Gestürzten trösten kann. O für mehr Vertrauen in Seine unterstützende Gnade in dieser Stunde der Prüfung.'

Dann ist sie „auf dem Weg der Besserung", sie kann „durchkommen", wenn sie sich gut um sie kümmern, „was wir gerne tun werden". Das vierte Kind stirbt im Alter von nur wenigen Wochen, das nächste im Alter von zwei Jahren. Sie war die Gefährtin ihres Großvaters, und so schrieb er über ihren Tod, dieser strenge, autodidaktische Auld Licht mit den rissigen Händen:

> „Ich hoffe, Sie haben mein letztes Schreiben erhalten, in dem ich davon sprach, dass es der lieben kleinen Lydia schlecht geht. Nun muss ich Ihnen mit tiefer Trauer sagen, dass ich gestern dabei geholfen habe, ihre lieben sterblichen Überreste in das einsame Grab zu legen. Sie ist am Mittwochabend um 7 Uhr gestorben, ich nehme an, als Sie den Brief erhalten hatten. Der Arzt glaubte erst am späten

Dienstagabend, dass es sich um eine Kruppe handelte, und alles, was die Ärzte verschreiben konnten, wurde getan, aber der Arzt hatte keine Hoffnung, als er sah, dass die Kruppe bestätigt war, und das wäre in der Tat schwer für das Herz gewesen Ich wäre nicht erschrocken gewesen, als ich gesehen hätte, was das liebe kleine Geschöpf den ganzen Mittwoch über gelitten hatte, bis der schwache Körper völlig erschöpft war. Sie war bis zwei Stunden nach ihrem Tod recht vernünftig, und dann sank sie ganz tief, bis der lebenswichtige Funke entwich, und alle Medikamente, die sie bekam, nahm sie mit größter Bereitwilligkeit ein, als fürchtete sie, sie würden sie gesund machen. Ich kann meine Gefühle bei diesem Anlass nicht gut beschreiben. Ich dachte, dass die Quelle meiner Tränen inzwischen ausgetrocknet sei, aber ich habe mich geirrt, denn ich muss gestehen, dass die salzigen Bäche schnell auf meine zerfurchten Wangen hinabliefen, sie war so ein gewinnendes Kind und hatte so viel Respekt vor ihr Sie kam immer zu mir und erzählte mir all ihre kleinen Dinge, und während sie jetzt sprach, waren einige ihrer kleinen Geschwätz sehr ansprechend, und die lebhaften Bilder dieser Dinge drängten sich stärker in mein Gedächtnis ein, als sie sollten, aber es gibt eine Erlaubnis dazu für mäßige Trauer bei solchen Gelegenheiten. Aber wenn ich Ihnen von meinem eigenen Kummer und Kummer erzähle, weiß ich nicht, was ich von der trauernden Mutter sagen soll. Sie hat auf dieser Welt noch nie etwas erlebt, das ihr so nahe gekommen wäre. Mit der letzten konnte sie nicht umgehen, da sie zu diesem Zeitpunkt dazu nicht in der Lage war, denn sie hatte sie nur einmal in den Armen und ihre Zuneigung hatte keine Zeit, sich so fest um sie zu schlingen. Ich habe große Angst, dass sie diese Prüfung nicht bald oder nie überstehen wird. Obwohl sie vorher geschwächt war, hat sie sich doch ziemlich gut erholt, aber das hat nicht nur Auswirkungen auf ihren Geist, sondern auch auf ihren Körper, so dass sie nicht gut sitzen kann, solange ihr Bett gemacht wird, und kaum Fleisch geschmeckt hat [dh Essen] seit Montagabend, und bis dahin können wir nicht sagen, wie es ihr geht. Es gibt niemanden, der nicht selbst ein Elternteil ist und in einem solchen Zustand voll und ganz mit einem Kind mitfühlen kann . David ist ebenfalls stark betroffen, aber es ist nicht so bekannt, dass er betroffen ist, und die jüngeren Zweige der Familie sind betroffen, aber es wird nur vorübergehend sein. Aber leider gibt es in all diesem riesigen Trubel nur den Kummer der Welt, der den Tod verursacht. O wie froh wäre es, wenn wir über die Sünde genauso bitter wären wie über den Verlust eines Erstgeborenen. O wie ungeeignet sind Personen oder Familien für Prüfungen, die nicht die göttliche Kunst kennen, alle ihre Sorgen auf den Herrn zu werfen, und welche Scharen gibt es, die, wenn irdische Annehmlichkeiten weggenommen werden , wohl sagen können: „Was habe ich mehr?" Ihre ganze Freude gilt dem einen oder anderen Ding auf der Welt, und wer kann es ihnen verübeln, dass sie sich unwillig von dem trennen, was sie für ihr höchstes Gut halten? O, dass wir weise wären, Schätze für die Zeit der Not anzuhäufen, denn es ist wirklich eine feierliche Angelegenheit, sich beim König des Schreckens in die Liste einzutragen. Es ist seltsam, dass sich die Lebenden die Dinge so wenig zu Herzen nehmen, bis sie sich auf den Krieg einlassen müssen, in dem es keine Entlassung gibt. O, dass mein Kopf Wasser wäre und meine Augen eine Tränenquelle, dass ich Tag und Nacht über meine eigene Dummheit und die anderer in dieser großen Angelegenheit weinen könnte. O für die Gnade, die tägliche Arbeit zur richtigen Zeit zu erledigen und über dem verführerischen, betrügerischen Zug der irdischen Dinge zu leben. Dem Rest der Familie geht es einigermaßen gut. Seit einigen Tagen geht es mir schlechter als in den letzten 8 Monaten, aber vielleicht geht es mir bald besser. Es geht mir genauso wie schon oft zuvor, aber es gibt keine Sicherheit dafür, dass es immer so bleiben wird, denn ich weiß, dass die Zeit nicht mehr weit von der Zeit entfernt sein wird, in der ich einer von denen sein werde, die es einmal waren. Ich habe keine weiteren Neuigkeiten, die ich Ihnen schicken könnte, und ebenso wenig Herz für sie. Ich hoffe, dass Sie die frühestmögliche Gelegenheit zum Schreiben nutzen und besonders auf Margaret eingehen, denn sie braucht Trost."

Er starb genau eine Woche, nachdem er diesen Brief geschrieben hatte, aber meine Mutter sollte noch vierundvierzig Jahre leben. Und Freuden einer Art, an denen er nie teilhatte, sollten ihr so reichlich und so lange anhalten, dass ihr erfülltes Leben, so seltsam es ihm auch vorgekommen wäre, das zu wissen, kaum begonnen hatte. Und mit der Freude sollten für ihre süßen, verängstigten Kameraden Schmerz und Trauer einhergehen; wieder wurde sie bis zum Äußersten berührt, wieder und wieder wurde sie so krank, dass sie „im Leben ist, mehr können wir nicht sagen", aber sie hatte immer noch sehr „vorwärts gerichtete" Begleiter, die ihr halfen, einige von ihnen waren noch nicht in ihr geboren Vaters Zeit.

Sie hat mir alles erzählt und so sind meine Erinnerungen an unsere kleine rote Stadt von ihren Erinnerungen geprägt . Ich kannte es, wie es schon seit Generationen war, und plötzlich sah ich, wie es sich veränderte, und die Veränderung konnte einem Jungen nicht entgehen, denn diese ersten Jahre sind die beeinflussbarsten (nichts, was passiert, nachdem wir zwölf sind, ist von großer Bedeutung); Es sind auch die anschaulichsten Jahre, wenn wir zurückblicken, und anschaulicher, je weiter wir blicken müssen, bis am Ende das, was dazwischen liegt, wie ein Reifen, und die Extreme aufeinander treffen. Aber obwohl die neue Stadt für mich wie ein Spiegel ist, durch den ich auf die alte schaue, sind die Menschen, die ich sehe, wie sie diese Gassen auf und ab gehen, auf ihren Karrenschäften sitzen und in ihren schwarzen Klamotten am Sonntag zur Kirche humpeln, weniger diejenigen, die ich in meiner Kindheit gesehen habe, als ihre Väter und Mütter, die diese Dinge auf die gleiche Weise taten, als meine Mutter jung war. Ich kann mir den Ort nicht vorstellen, ohne zu sehen, wie sie als kleines Mädchen an die Tür eines bestimmten Hauses kommt und ihren Bass gegen den Hammer schlägt , oder heute Abend findet eine Hochzeit statt, und die Kutsche mit den weißen … Das ohrige Pferd wird nach einer Jungfrau in Hellblau geschickt, deren Haubenschnüre unter dem Kinn gebunden sind.

KAPITEL III
WAS ICH SEIN SOLLTE

Meine Mutter war eine großartige Leserin, und da sie zehn Minuten Zeit hatte, bevor die Stärke fertig war, begann sie mit „Untergang und Herbst" – und beendete sie im selben Winter auch. Fremdwörter im Text ärgerten sie und ließen sie über ihren Mangel an klassischer Ausbildung klagen – sie hatte nur in einigen einfachen Monaten eine Damenschule besucht –, aber sie ließ die Fremdwörter nie außer Acht, bis ihr ihre Bedeutung erklärt wurde, und als sie das nächste Mal lernte, ging sie nicht weiter und sie lernten sich als Bekannte kennen, was meiner Meinung nach klug von ihr war. Eine ihrer Freuden war es, von mir Fetzen von Horace zu lernen und sie dann in ihre Gespräche mit „ Hochschulmännern " einzubringen. Ich traf sie an einsamen Orten, etwa am Treppenabsatz oder im Ostzimmer, wo sie diese Zitate laut vor sich hin murmelte, und ich erinnere mich noch gut daran, wie sie zu den Besuchern sagte: „Ja, ja, es ist sehr wahr, Doktor." aber wie Sie wissen: „ Eheu fugaces , Postume , Postume , labuntur anni" oder „Sal, Herr So-und-so, meinem Mädchen geht es gut, aber wäre es nicht treffender zu sagen: „O matra pulchra filia. " pulchrior "?' Was sie sehr verblüffte, wenn sie es schaffte, das Ende zu erreichen, ohne geschleudert zu werden, aber normalerweise bekam sie mittendrin einen Lachanfall, und so fanden sie es heraus.

Biografien und Entdeckungen waren ihre Lieblingslektüre , zum Beispiel die Biografien von Männern, die gut zu ihren Müttern gewesen waren, und sie mochte es, wenn die Entdecker am Leben waren, so dass sie bei dem Gedanken an ihre erneute Reise schaudern konnte; Doch obwohl sie die Hoffnung zum Ausdruck brachte, dass sie von nun an zu Hause bleiben würden, strahlte sie vor Bewunderung, als sie enttäuscht wurden. Später hatte ich eine Freundin, die Afrikaforscherin war, und sie war sich über ihn nicht sicher; Er war für sie einer der faszinierendsten Sterblichen, sie bewunderte ihn außerordentlich, stellte sich ihn an der Spitze seiner Karawane vor, mal von Wilden, mal von wilden Tieren angegriffen, und vergötterte ihn für die unruhigen Stunden, die er ihr bereitete, aber sie war es hatte auch Angst, dass er mich mitnehmen wollte, und dann meinte sie, er solle gesetzlich eingeschläfert werden. Auch die Mütter der Entdecker interessierten sie sehr; Die Bücher sagten ihr vielleicht nichts über sie, aber sie konnte sie für sich selbst erschaffen und ihre Hände aus Mitleid mit ihnen ringen, wenn sie sechs Monate lang keine Nachricht von ihm erhalten hatten. Doch es gab Zeiten, in denen sie es ihm gönnte – wie an dem Tag, an dem er siegreich zurückkehrte. Dann stand vor ihren Augen nicht der Sohn, der wieder nach Hause marschierte, sondern eine alte Frau, die um den Fenstervorhang herum nach ihm spähte und sich bemühte, nicht fröhlich dreinzublicken. In den Zeitungsberichten ging es um den Sohn, aber der Kommentar meiner Mutter war: „Heute Abend ist sie eine stolze Frau."

Als ich ein Junge war, haben wir viele Bücher zusammen gelesen, „Robinson Crusoe" war das erste (und das zweite), und „1001 Nacht" hätte das nächste sein sollen, denn wir haben es aus der Bibliothek geholt (ein Penny für drei Tage).), aber als wir herausfanden, dass es Nächte waren, in denen wir für Ritter bezahlt hatten, schickten wir diesen Band zum Verpacken, und seitdem habe ich meine Lippen darüber gekräuselt. „The Pilgrim's Progress" hatten wir im Haus (es war ein ebenso alltäglicher Besitz wie ein Schminktisch), und ich war so begeistert davon, dass ich unseren Garten in Sümpfe der Verzweiflung verwandelte, auf denen Erbsenstangen standen, um Christian darzustellen Reisen und ein Buffethocker für seine Last, aber als ich meine Mutter herauszerrte, um mein Werk zu sehen, hatte sie Angst, und ich hatte tagelang mit einer gewissen Hochstimmung das Gefühl, dass ich ein dunkler Charakter gewesen war. Ich las nicht nur jedes Buch, das wir leihen oder ausleihen konnten, sondern kaufte auch ab und zu eines, und während ich kaufte (es war eine wochenlange Beschäftigung), las ich am Tresen stehend die meisten anderen Bücher im Laden, was vielleicht die meisten sind exquisite Art zu lesen. Und ich las eine Zeitschrift namens „Sunshine", die köstlichste Zeitschrift, die es je gab, da bin ich mir sicher. Es kostete einen halben oder einen Penny im Monat, und wie ich mich gern daran erinnere, gab es immer eine fortlaufende Geschichte über das liebste Mädchen, das Brunnenkresse verkaufte, eine köstliche Pflanze, die nicht angebaut wurde und die ich in meiner Heimatstadt vermutlich noch nie gesehen habe. Dieses romantische kleine Geschöpf hat meine Fantasie so sehr in seinen Bann gezogen, dass ich selbst jetzt noch keine Brunnenkresse ohne Emotionen essen kann. Ich lag im Bett und fragte mich, was sie in der nächsten Nummer vorhaben würde; Ich habe Forellen verloren, weil meine Gedanken mit ihr abschweiften, als sie knabberten; Mein frühes Leben war verärgert darüber, dass sie nicht regelmäßig am ersten Tag des Monats erschien. Ich weiß nicht, ob es daran lag, dass sie unterwegs einen Monat lang in einem Ausmaß herumlungerte, das Fleisch und Blut nicht ertragen konnten, oder daran, dass wir die Penny-Bibliothek erschöpft hatten, aber eines Tages hatte ich eine herrliche Idee, oder sie wurde in meine aufgenommen Kopf von meiner Mutter, damals mit dem Wunsch, Fortschritte mit ihrem neuen, schlagkräftigen Kaminsims zu machen . Die Idee war nichts weniger als dies: Warum sollte ich die Geschichten nicht selbst schreiben? Ich habe sie tatsächlich geschrieben – in der Mansarde –, aber sie haben ihr keineswegs dabei geholfen, mit ihrer Arbeit fortzufahren, denn als ich ein Kapitel beendet hatte , sprang ich nach unten, um es ihr vorzulesen, und so kurz die Kapitel waren, so bereit war die Feder , dass ich mit einem neuen Manuskript zurück war, bevor noch mehr Einfluss auf den Teppich gelegt wurde. Die Autorschaft schien, wie ihr Bannock -Backen, darin zu bestehen, zwischen zwei Punkten hin- und herzulaufen. Es waren alles Abenteuergeschichten (am glücklichsten ist der, der über Abenteuer schreibt), keine Charaktere durften hinein, wenn ich ihresgleichen im Fleisch kannte, die Szene spielte sich in unbekannten Gegenden ab, auf einsamen Inseln, in verzauberten Gärten, mit Rittern (keine deiner Nächte).) auf schwarzen Ladegeräten, und um die erste Ecke steht eine Dame, die Brunnenkresse verkauft.

Mit ungefähr zwölf Jahren habe ich meine literarische Berufung für eine Zeit aufgegeben, nachdem ich eine Schule besucht hatte, in der Cricket und Football mehr geschätzt wurden, aber im Jahr, bevor ich an die Universität ging, wachte es auf und ich schrieb einen großen Teil eines Dreiers -bändiger Roman. Der Verleger antwortete, dass die Summe, für die er es drucken würde, hundert sei, und – das sei jedoch nicht der entscheidende Punkt (ich hatte Sixpence): Er hat uns beide niedergestochen, indem er schriftlich feststellte, dass er mich für eine „kluge Dame" halte. Ich antwortete steif, dass ich ein Gentleman sei, und habe das Manuskript seitdem geheim gehalten. Ich habe es kürzlich durchgesehen, und, oh, es ist langweilig! Ich fordere jeden auf , es zu lesen.

Die Bösartigkeit der Verleger konnte mich jedoch nicht abweisen. Von dem Tag an, als ich zum ersten Mal Blut in der Dachstube schmeckte, stand mein Entschluss fest; Für mich konnte es keinen Beruf geben, der fürchterlich trommelt; Literatur war mein Spiel. Diejenigen, die mir alles Gute wünschten, schätzten es nicht besonders. Ich erinnere mich, wie zwei junge Damen mich fragten, was ich zu der Zeit, als ich die Universität verließ, was ich werden sollte, und als ich schamlos antwortete: „Autorin", warfen sie die Hände hoch, und eine von ihnen rief vorwurfsvoll: „Und Sie sind ein Magister." !' Die Ansichten meiner Mutter waren zunächst nicht unähnlich; Lange hielt sie meins scherzhaft für etwas, aus dem ich herauswachsen würde, und danach verletzten sie sie, so dass ich versuchte, sie aufzugeben. Ministerin zu werden – das gehörte ihrer Meinung nach zu den schönsten Aussichten, aber sie war eine sehr ehrgeizige Frau, und manchmal fügte sie halb verängstigt vor Appetit hinzu, dass es Minister gab, die Professoren geworden waren, „aber das war nicht schlau denke an solche Dinge.'

Ich hatte nur eine Person an meiner Seite, einen alten Schneider, einen der vollsten Männer, die ich je gekannt habe, und den besten Redner. Er war Junggeselle (er erzählte mir alles, was man über Frauen wissen muss), ein hagerer Mann mit blassem Gesicht, dessen Beine beim Gehen angezogen waren, als ob er jemals etwas auf dem Schoß tragen würde; Seine Spaziergänge waren die kürzesten, von der Teekanne auf dem Herd bis zum Brett, auf dem er nähte, vom Brett zum Herd und so weiter bis zum Bett. Er wäre vielleicht ausgegangen, wenn ihm die Idee gekommen wäre, aber in den Jahren, in denen ich ihn kannte, den letzten Jahren seines mutigen Lebens, war er, glaube ich, nur zweimal im Freien, als er „herumflog" und sein Zimmer gegen ein anderes in der Nähe eintauschte. Ich habe ihn auf diesen Reisen nicht gesehen, aber ich scheine ihn jetzt zu sehen, und ihm ist in der seltsamen Atmosphäre etwas schwindelig; In der einen Hand trägt er einen Eisenkasten, die andere hebt er hoch und fragt sich, was das auf seinem Kopf ist, es ist ein Hut; Ein schwacher Geruch von versengtem Stoff begleitet ihn. Dieser Mann hatte von meinen Fotos der Dichter gehört und wollte sie sehen, was zu unserem ersten Treffen führte. Ich erinnere mich, wie er sie auf seinem Brett ausbreitete, und nachdem er sie lange angeschaut hatte, richtete er seinen Blick auf mich und sagte feierlich:

> Was kann ich tun, um für immer bekannt zu sein
> und das kommende Zeitalter zu meinem eigenen zu
> machen?

Diese Zeilen von Cowley waren für mich neu, aber das Gefühl war nicht neu, und ich wunderte mich , wie der alte Schneider mich so gut durchschauen konnte. Deshalb kam es mir seltsam vor, als ich plötzlich feststellte, dass er überhaupt nicht an mich gedacht hatte, sondern an seine eigenen jungen Tage, als dieser Reim in seinem Kopf sang, und dass auch er sich danach gesehnt hatte, zur Grub Street aufzubrechen, aber hatte Angst, und während er zögerte, kam das Alter, und dann der Tod, und er fand ihn, wie er ein Kasteneisen umklammerte.

Ich eilte mit dem Bissen nach Hause, aber Nachbarn waren vorbeigekommen, und das war nur für ihre Ohren, also zog ich sie zur Treppe und sagte gebieterisch:

> Was kann ich tun, um für immer bekannt zu sein
> und das kommende Zeitalter zu meinem eigenen zu
> machen?

Es war eine seltsame Bitte, sie von einem Teetisch zu holen, und sie muss überrascht gewesen sein, aber ich glaube, sie lachte nicht, und in späteren Jahren wiederholte sie die Zeilen liebevoll und mit einer Röte auf ihrem weichen Gesicht. „Das ist die Art, die du selbst sein möchtest!" Wir sagten scherzhaft zu ihr, und sie antwortete fast leidenschaftlich: „Nein, aber es wäre mir unangenehm, seine Mutter zu sein." Es ist möglich, dass sie seine Mutter gewesen wäre, wenn dieser andere Sohn gelebt hätte, er hätte es vielleicht aus purer Liebe zu ihr geschafft, aber ich für meinen Teil kann jetzt über eine dieser beiden Gestalten auf der Treppe lächeln, nachdem ich das schon lange aufgegeben habe Ich träume davon, für immer bekannt zu sein und mich meinem Freund, dem Schneider, ähnlicher zu sehen, denn wie er am Ende auf seinem Brett gefunden wurde, so hoffe ich, dass ich an meinem Handwebstuhl gefunden werde und ehrlich die Arbeit verrichte, die mir am besten passt . Wer sollte so gut wissen wie ich, dass es im Vergleich zu den großen Waffen, die in der kommenden Zeit nachhallen, nur ein Handwebstuhl ist? Aber sie, die an diesem Tag mit mir auf der Treppe stand, war eine sehr einfache Frau, die ihr ganzes Leben lang daran gewöhnt war, aus kleinen Dingen das Beste zu machen, und ich konnte gut genug weben, um ihr zu gefallen, was mein einziger unerschütterlicher Ehrgeiz war, seit ich klein war Junge.

Ihr Wunsch, dass ich meinen Willen durchsetzen sollte, war nicht geringer als meiner – aber, ach, die eisernen Sitze in diesem Park von schrecklichem Ruf und dieser kahle Raum am oberen Ende der vielen Treppen! Während ich auf dem College war , durchsuchte sie alle verfügbaren Bibliotheken nach Büchern über diejenigen, die nach London gehen, um dort von der Feder zu leben, und alle erzählten die gleiche erschütternde Geschichte. London, das sie nie sah, war für sie ein Monster, das Landjugendliche aufschleckte, wenn sie aus dem Zug stiegen; Es gab die Dachkammern, in denen sie elend saßen, und die Parkbänke, auf denen sie die Nacht verbrachten. Diese Parksitze waren für sie die grellen Augen des Monsters, und wenn ich jetzt daran vorbeigehe , ist sie mir näher als in jedem anderen Teil Londons. Ich wage zu behaupten, dass dieser Hyde Park, der tagsüber so fröhlich ist, bei Einbruch der Nacht von den Geistern vieler Mütter heimgesucht wird, die mit wilden Augen von Sitzplatz zu Sitzplatz rennen und nach ihren Söhnen suchen.

Aber wenn wir diesen tristen Plätzen ausweichen könnten , sehnte sie sich danach, mich mein Glück versuchen zu sehen, und ich versuchte, sie aus dem Bild auszuschließen, indem ich Karten von London zeichnete, ohne den Hyde Park. London war für mich ebenso fremd wie für sie, aber lange bevor ich darauf geschossen wurde , kannte ich es anhand von Karten und zeichnete sie genauer, als ich sie jetzt zeichnen könnte. Oft machten sie und ich gemeinsam einen Streifzug durch die Landkarte und waren höchst vergnügt, als wir in Telegraphenbüros vorbeischauten, um meinem Vater und meiner Schwester zu telegrafieren, dass wir erst spät zu Hause sein sollten, während wir meinen Büchern in herrschaftlichen Schaufenstern zuzwinkerten und bei uns zu Mittag aßen Restaurants (und denken Sie daran, es nicht Abendessen zu nennen) und fragen Sie: „Wie geht das?“ an Mr. Alfred Tennyson, als wir in der Regent Street an ihm vorbeikamen und in den Verlagsbüros nach einem Scheck fragten: „Kümmern Sie sich darum, oder soll ich?“ Ich fragte fröhlich, und sie würde mit Sicherheit antworten: „Ich denke, wir sollten es besser zur Bank bringen und das Geld holen“, denn sie fühlte sich immer sicherer bei Geld als bei Schecks; Also gingen wir zur Bank („Zwei Zehner und der Rest in Gold“) und von dort direkt (mit dem Taxi) zu dem Ort, wo man Robbenfellmäntel für mittelmäßige alte Damen kauft. Aber bevor das Lachen zu Ende war, würde der Park wie ein Fleck auf der Karte erscheinen.

„Wenn du dir nur so sicher sein könntest, dass Körper und Seele zusammenhalten“, sagte meine Mutter seufzend.

„Ich habe etwas vor, Mutter, das ich dir schicken kann.“

„ Das konnte man am Anfang nicht erwarten.“

Die Frau, um die ich jetzt hätte werben sollen, war Journalistin, diese Grisette der Literatur, die für alle Anfänger ein Lächeln und ein Händchen hat, sie an der Schwelle willkommen heißt, ihnen so viel Wissenswertes beibringt und sie der anderen Dame vorstellt, die sie haben Er wurde aus der Ferne angebetet, zeigte ihnen sogar, wie sie sie umwerben konnten, und bot ihnen dann einen strahlenden Gott an – er war ein Undankbarer, der ihr, nachdem er ihre freudige Gesellschaft gehabt hatte, keinen Kuss mehr zuwirft, wenn sie vorbeigehen. Aber obwohl sie keinen bösen Willen hegt, wenn sie im Stich gelassen wird, musst du ihr treu dienen, während du ihr gehörst, und du musst sie aufsuchen und viel aus ihr machen, und bis du dich auf ihre Gutmütigkeit verlassen kannst (beachte dies), kein Wort über die andere Dame. Als sie mich schließlich bei sich aufnahm, gewann ich sie so sehr ins Herz, dass ich sie beim Namen der anderen nannte, und selbst jetzt denke ich manchmal, dass die kleine Schwester mehr Spaß machte, aber ich fing an, sie mit Beiträgen zu umwerben, die alle waren Außenseiter. In einem alten Buch finde ich Spalten mit Notizen über zu dieser Zeit geplante Werke, die fast alle aus Essays zu äußerst uninteressanten Themen bestehen; das leichteste sollte ein Band über die älteren Satiriker sein, beginnend mit Skelton und Tom Nash – die Hälfte dieses Manuskripts liegt noch immer in einer staubigen Truhe – die einzige Geschichte handelte von Maria Stuart, der Königin von Schottland, die auch Gegenstand vieler ungeschriebener Arbeiten war . Queen Mary scheint mich in mein Verderben gelockt zu haben, seit ich Holyrood gesehen habe, und ich habe schreckliche Angst, dass ich diesen Roman noch schreiben könnte. Dass irgendetwas über meinen Heimatort geschrieben werden könnte, ist mir nie in den Sinn gekommen. Irgendwo hatten wir gelesen, dass ein Schriftsteller besser ausgerüstet ist als die meisten seiner Berufe, wenn er sich selbst und eine Frau kennt, und meine Mutter sagte: „Du kennst dich selbst, denn jeder muss sich selbst kennen“ (es gab nie eine Frau, die weniger über sich selbst wusste als sie), und sie fügte traurig hinzu: „Aber ich bezweifle, dass ich die einzige Frau bin, die du gut kennst.“

„Dann muss ich dich zu meiner Heldin machen“, sagte ich leichthin.

„Eine geile , alte Heldin!“ sagte sie, und wir lachten beide über den Gedanken – wir hatten so wenig Ahnung von der Zukunft.

Somit ist klar, welche Qualifikationen ich hatte, als ich voreilig als Leitartikelautor (meine Schwester sah die Anzeige) für eine englische

Provinzzeitung engagiert wurde. Im Moment war ich genauso hocherfreut wie die anderen, denn die Chance war endlich gekommen, mit einem Gehalt, das wir alle als ungeheuer hoch empfanden, aber ich wurde zu Beginn der Woche gesucht, und plötzlich wurde mir klar, dass die Anführer die waren eine Sache, die ich immer übersprungen hatte. Führer! Wie wurden sie geschrieben? Worum ging es ihnen? Meine Mutter saß bereits triumphierend zwischen meinen Socken und ich durfte nicht zulassen, dass sie mich zittern sah. Ich zog mich zurück, um nachzudenken, und plötzlich kam sie mit der Tageszeitung zu mir. Welches waren die Anführer? sie wollte es wissen, also konnte ich offensichtlich keine Hilfe von ihr bekommen. Hatte sie noch weitere Zeitungen? Ich fragte, und nachdem sie herumgestöbert hatte, holte sie ein paar heraus, mit denen ihre Kisten ausgekleidet waren. Andere, sehr staubige, kamen unter Teppichen hervor, und schließlich wurde ein rußiges Bündel durch den Schornstein geschleift. Umgeben von diesen setzte ich mich hin und lernte, wie man Journalist wird.

KAPITEL IV
EIN HERAUSGEBER

Eine gläubige Dame, der eine Freundin eines meiner Bücher geschenkt hatte, pflegte zu sagen, als sie gefragt wurde, wie es ihr dabei ginge: „Sal, es ist eine triste, ermüdende, mühsame Arbeit, aber ich habe mich schon mit härteren Aufgaben durchgekämpft. " Zeit, und, bitte Gott, ich werde mich mit diesem durchkämpfen. ' In diesem Sinne, fürchte ich, kämpfte meine Mutter das nächste Jahr oder länger mit meinen Führern, obwohl sie es mir nie gesagt hat, und tatsächlich taten mir die Menschen, die ich sie lesen sah, immer aufrichtig leid. In meiner Freizeit versuchte ich es mit Journalismus einer anderen Art und schickte ihn nach London, aber es vergingen fast achtzehn Monate, bis mir, so unerwartet wie ein Telegramm, der Gedanke kam, dass an meinem Heimatort etwas Seltsames sei. Ein Junge, der feststellte, dass in der Nacht ein Messer in seine Tasche gesteckt wurde, hätte nicht überraschter sein können. Ein paar Tage später schickte ich meiner Mutter eine Londoner Abendzeitung mit einem Artikel mit dem Titel „An Auld Licht Community", und sie erzählten mir, dass sie lachte, als sie die Überschrift sah, weil der Anblick der Worte „Auld" etwas Komisches an sich hatte Licht im Druck. Für sie wie für mich sollte diese Zeitung bald das Gesicht einer Freundin haben. Bis zum heutigen Tag komme ich auf der Straße nie an seinen Plakaten vorbei, ohne sie an der Hand zu schütteln, und sie nähte die Seiten so liebevoll zusammen, als wären sie ein Kinderkleid; Aber um ehrlich zu sein, als sie den ersten Artikel las , wurde sie beunruhigt, und aus Angst vor dem Gerede der Stadt verbarg sie die Zeitung vor allen Blicken. Während ich mir einige Zeit später stolz vorstellte, wie sie diesen und ähnliche Artikel allen zeigte, die sich für mich interessierten, versteckte sie sie in Wirklichkeit voller Angst in einer Bandschachtel auf der Dachbodentreppe. Und sie wollte per Post wissen, ob ich für diese Artikel genauso viel bezahlt wurde wie für echte Artikel; Als sie hörte, dass ich besser bezahlt wurde, lachte sie erneut und holte sie zum erneuten Lesen aus der Bandbox, und es lässt sich nicht leugnen, dass sie den Londoner Redakteur für einen guten, aber etwas sanften Kerl hielt.

Skizze abschickte, dachte ich, ich hätte das Thema erschöpft, aber unser Redakteur schrieb, dass er gerne etwas Ähnliches hätte, also schickte ich ihm eine Heirat, und er nahm sie an, und dann versuchte ich es mit einer Beerdigung. und er nahm es, und es sah tatsächlich so aus, als ob wir ihn hätten. Nun könnte man meine Mutter dabei erwischt haben, wie sie als Antwort auf bestimmte aufgeregte Briefe das Bündel ungeflickter Socken von ihrem Schoß warf und „Literatur holte"; Auf Wunsch zerbrach sie sich den Kopf nach Erinnerungen, die ich in Artikel umwandeln konnte, und sie kamen mir in Briefen zu, die sie meinen Schwestern diktierte. Wie gut konnte ich ihre Worte zwischen den Zeilen hören: „Aber der Redakteur wird das nie ertragen, das ist völliger Blödsinn " – „ Bei diesem Beitrag muss es bleiben, das sage ich dir; Wir müssen den Redakteur mitnehmen, wenn er hungrig ist – das kann man uns nicht verdenken, oder? Er druckt sie aus freien Stücken, also gehört der Witz ihm.' – ‚Aber ich habe fast Angst. – Wenn die Londoner sie lesen, sind wir erledigt.' Und ich wurde gefragt, ob es ratsam sei, ihm einen Shortbread-Keks als Geschenk zu schicken, was ihre raffinierte Art sein sollte, ihn zu umgehen. Obwohl meine Mutter und ich zu diesem Zeitpunkt Hunderte von Meilen voneinander entfernt waren, können Sie sich vorstellen, wie wir einander im ganzen Land zuwinkten und „Hurra!" riefen. Sie können sich auch vorstellen, wie der Redakteur in seinem Büro denkt, er verhalte sich wie ein kluger Geschäftsmann, und sich nicht bewusst ist, dass oben im Norden eine ältere Dame so viel über ihn kichert, dass sie kaum die Kartoffeln auskratzen kann.

Jetzt konnte ich meine Mutter wiedersehen, und die Parksitze tauchten auf unserer Londoner Karte nicht mehr so deutlich auf. Dennoch waren sie da, und nur mit Mühe nahm sie den Mut zusammen, mich gehen zu lassen. Sie hatte Angst vor Veränderungen, und wer konnte schon ahnen, dass der Herausgeber weiterhin freundlich sein würde? Vielleicht, als er mich sah –

Sie schien große Angst davor zu haben, dass er mich sah, und das war, wie ich betonen würde, eine Widerspiegelung meines Aussehens oder meines Verhaltens.

Nein, was sie meinte war, dass ich so jung aussah, und – und das würde ihn verblüffen, denn hatte ich nicht als alter Mann geschrieben?

„Aber er kennt mein Alter, Mutter."

„Darüber bin ich froh, aber vielleicht würde er dich nicht mögen, wenn er dich sehen würde."

„Oh, dann ist das meine Art!"

„Das sage ich nicht , aber –"

Hier brach meine Schwester ein: „Kurz gesagt, sie denkt, dass niemand so gute Manieren hat wie sie." Kannst du es leugnen, du eitle Frau?' Meine Mutter würde es energisch bestreiten.

„Du stehst da", sagte meine Schwester mit gespielter Verachtung, „und sag mir, dass du nicht glaubst, dass du diesen Mann schneller besiegen könntest als jeder von uns?"

„Sal, ich denke, ich könnte mit ihm klarkommen", sagt meine Mutter lachend.

„Wie würden Sie vorgehen?"

Dann fing meine Mutter an zu lachen. „Ich würde zuerst herausfinden, ob er eine Familie hat, und dann würde ich sagen, dass sie die beste Familie in London sind.“

„Ja, genau das würdest du tun, du schlaue Frau!“ Aber wenn er keine Familie hat?'

„Ich würde sagen, was für großartige Männer Redakteure sind!“

„Er würde dich durchschauen.“

„Er nicht!“

„Sie verstehen nicht, dass das, was dem einfachen Volk auferlegt wird, niemals einen Redakteur täuschen würde.“

„Da liegen Sie falsch. „Zart oder einfach, dumm oder klug, die Männer sind alle gleich in den Händen einer Frau, die ihnen schmeichelt.“

„Ah, ich bin mir sicher, dass es bessere Möglichkeiten gibt, einen Redakteur zu umgehen.“

„Das gibt es wohl“, würde meine Mutter mit Überzeugung sagen, „aber wenn du diesen Plan versuchst, wirst du nie wieder einen anderen ausprobieren müssen.“

„Wie kunstvoll du bist, Mutter – du mit deinem weichen Gesicht! Glaubst du nicht, dass es eine Schande ist?'

„Puh!“ sagt meine Mutter dreist.

„Ich verstehe den Grund, warum du bei Männern so beliebt bist.“

„Ja, man kann es sehen, aber das werden sie nie sehen.“

„Nun, wie würden Sie sich kleiden, wenn Sie in das Büro dieses Redakteurs gehen würden?“

„ Natürlich würde ich meine Seide und meine Sabbathaube tragen.“

„Jetzt bist du kurzsichtig, Mutter.“ Ich sage dir, du würdest besser mit ihm klarkommen, wenn du einfach deinen alten grauen Schal und eine deiner hübschen weißen Taschen anziehst , halb lächelnd und halb schüchtern hineingehst und sagst: „Ich bin die Mutter von dem, der über die Auld Lichts schreibt.“ , und ich möchte, dass Sie mir versprechen, dass er niemals unter freiem Himmel schlafen muss.'

Aber meine Mutter schüttelte darüber den Kopf und antwortete fast hitzig: „Ich sage dir, wenn ich jemals in das Büro dieses Mannes gehe, gehe ich in Seide.“

Ich schrieb und fragte den Redakteur, ob ich nach London kommen sollte, und er sagte Nein, also ging ich, beladen mit den Anweisungen meiner Mutter, mitten auf der Straße zu gehen (sie springen auf dich los, wenn du um die Ecke biegst). Niemals nach Sonnenuntergang hinausgehen und immer alles verschließen (ich, der nie etwas verschließen könnte, außer mein Herz in Gesellschaft). Dank dieser Redakteurin, denn die anderen hatten mir nichts zu sagen, obwohl ich an allen Türen herumschlug, konnte sie bald nachts schlafen, ohne Angst zu haben, dass ich bald mit der Eisenbeschlägen bestimmter Sitze aufwachen würde Ich war meine Person, und was sie sehr erleichterte, war, dass ich angefangen hatte zu schreiben, als ob Auld Lichts nicht die einzigen Menschen wären, die ich kannte. Solange ich mich auf sie beschränkte , hatte sie die quälende Angst, dass eines Tages etwas in mir brechen würde (wie die Triebfeder einer Uhr) und dass meine Feder sich weigern würde, für sie zu schreiben, auch wenn der Herausgeber gegenüber seinen besten Interessen blind blieb immer. „Ja, mir gefällt der Artikel rüpelhaft", sagte sie schüchtern, „aber ich bezweifle, dass es der letzte ist — ich habe immer eine Art Angst, der neue könnte der letzte sein", und wenn viele Tage vergingen, bis der Artikel eintraf Bei einem weiteren Artikel würde ihr Gesicht traurig sagen: „Der Schlag ist gefallen – ihm fällt nichts mehr ein, worüber er schreiben könnte." Wenn ich jemals ihre Befürchtungen teilte, sagte ich es ihr nie, und die Zahl der Artikel, die nicht aus Scotch waren, wuchs, bis es Hunderte waren, die alle sorgfältig von ihr aufbewahrt wurden: Sie waren das Einzige im Haus, das, nachdem es einem Zweck gedient hatte, Sie verwandelte sich nicht in etwas anderes, dennoch konnten sie ihr unbehagliche Momente bescheren. Das lag daran, dass ich beim Schreiben fast immer eine Figur angenommen habe; Ich muss ein Landjunker oder ein Student oder ein Butler oder ein Mitglied des House of Lords oder eine Witwe oder eine Dame namens Sweet Seventeen oder ein Ingenieur in Indien sein, sonst wäre mein Stift verstopft, und obwohl dies der Fall ist bereitete meiner Mutter gewisse furchteinflößende Freuden und brachte sie dazu, unerwartet zu lachen (was meine Artikel betrifft, lachte sie fast immer an der falschen Stelle), es machte ihr auch Angst. Zu ihrer großen Belustigung bevorzugte der Herausgeber jedoch weiterhin die Papiere von Auld Licht, was sich (für diejenigen, die ihn kannten) darin zeigte, dass er dachte, dass die anderen so weitergehen würden, wie sie waren, während er diese zurückschickte und mich bat, sie anzufertigen sie besser. Auch hier kam sie mir zu Hilfe. Ich hatte gesagt, dass die Reihe der Strümpfe an einer Schnur am Feuer aufgehängt war , was eine Erinnerung an mich war, aber sie konnte mir sagen, ob sie verkehrt herum aufgehängt waren. Sie wurde ziemlich geschickt darin, mir die richtigen Details zu schicken oder zu geben (denn jetzt konnte ich das halbe Jahr bei ihr sein), aber sie lächelte den Herausgeber immer noch an und in ihrer fröhlichen Stimmung sagte sie: „Ich war fünfzehn, als ich meine bekam." erstes Paar Gummistiefel. Sagen Sie ihm, dass meine Gebühr für diese wichtige Nachricht zwei Pfund zehn beträgt.

„Ja, aber obwohl es uns gut geht, ist es nicht dasselbe, als wäre es ein Buch mit deinem Namen darauf." „So sagte die ehrgeizige Frau mit einem Seufzer, und ich tat mein Bestes, um aus den Auld-Licht-Skizzen ein Buch mit meinem Namen darauf zu machen." Dann haben wir vielleicht am besten verstanden, was für ein guter Freund unser Herausgeber gewesen war, denn ich hatte keine bekannte Zeitschrift gefunden – und ich glaube, ich habe alles versucht –, die einen Artikel oder eine Geschichte über die Armen meiner Heimat veröffentlicht hätte Land, und so weigerten sich nun die Verleger, Scotch und English, das Buch als Geschenk anzunehmen. Ich war bereit, es ihnen zu präsentieren, aber sie wollten es in keiner Form haben; Alles, was Scotch war, schien einen Schaden davonzutragen. Ich schätze, wir haben geseufzt, aber nie waren Kollaborateure besser auf Ablehnung vorbereitet, und auch wenn meine Mutter manchmal wehmütig auf das verachtete Manuskript blickte und murmelte: „Du armer, kalter kleiner Kerl, der in einer Schublade eingesperrt ist, bist du tot oder schläfst du nur?" Sie hatte immer noch ihren Redakteur, bei dem sie das Gnadengebet aussprechen konnte. Und schließlich wurden von einer lieben Freundin Verleger für uns gefunden, die mutig genug und weit mehr als großzügig genug waren, was eine Frau sehr „aufgeregt" machte. Er war auch Herausgeber und hatte ebenso großen Anteil daran, mich zum Autor von Büchern zu machen, wie der andere auch bei der Festlegung, worum es in den Büchern gehen sollte.

Jetzt, wo ich Autor bin, muss ich in einen Club eintreten. Aber du hättest meine Mutter in Clubs hören sollen! Sie kannte keine außer denen, bei denen man in Erwartung regnerischer Tage wöchentlich einen Hungerlohn abonniert, und die Londoner Clubs waren ihr Verachtungspunkt. Oft hörte ich sie auf ihnen – sie hob ihre Stimme, damit ich sie hören konnte, egal in welchem Zimmer ich mich befand, und wenn sie sarkastisch war, schlich ich am meisten: „Dreißig Pfund muss er im ersten Jahr bezahlen, und danach zehn Pfund pro Jahr. Glaubst du, das ist viel Blödsinn ? Oh nein, du irrst dich – das ist nichts. Für den dritten Teil von dreißig Pfund könnten Sie ein Vierzimmerhaus mieten, aber was ist ein Vierzimmerhaus, was sind dreißig Pfund im Vergleich zum Ruhm, Mitglied eines Clubs zu sein? Woher kommt der Ruhm? Sal, das brauchst du mich nicht zu fragen, ich bin nur ein abgebrühter alter Mann, der nie einen Club betreten hat, also weiß ich wenig über Ruhm. Aber ich kann Ihnen sagen, wenn Sie in London bleiben und keinem Club beitreten können, ist das Beste, was Sie tun können, sich ein Seil um den Hals zu binden und aus der Welt zu verschwinden. Welchen Nutzen haben sie? Oh, sie sind schrecklich nützlich. Sie sehen, es ist für einen Mann in London nicht angebracht, sein Abendessen in seiner Unterkunft einzunehmen. Andere Männer schütteln den Kopf. Er muss seinen Verein verlassen, wenn er respektiert werden will. Bekommt er im Club gutes Abendessen? Oh, sie kuhen! In Clubs gibt es kein gewöhnliches Rindfleisch; Es gibt eine Menge verschiedener Dinge, die alle so gestaltet sind, dass sie sich voneinander unterscheiden . Sogar die Kartoffeln daurna sehen aus wie Kartoffeln. Wenn das Essen in einem Club so aussieht, wie es ist, rennen die Mitglieder umher, werfen die Hände in die Luft und rufen: „Wehe mir!" Dann ist das eine andere Sache: Sie bekommen Ihre Briefe an den Club statt an Ihre Unterkunft geschickt. Sie sehen, Sie würden sie früher in Ihrer Unterkunft bekommen, und Sie müssten dafür vielleicht mühsame Meilen zum Club schleppen, aber das ist ein großer Vorteil und für dreißig Pfund billig, nicht wahr? Ich frage mich, ob sie es zu diesem Preis schaffen können.'

Meine klügste Strategie war es, unten zu bleiben, wenn diese vernichtenden Windböen wehten, aber wahrscheinlich bin ich zur Selbstverteidigung nach oben gegangen .

„So kämpferisch habe ich dich noch nie gesehen, Mutter."

„Oh", antwortete sie prompt, „von mir kann man nicht erwarten, dass ich scharfsinnig bin, wenn ich kein Mitglied eines Clubs bin."

„Aber die Schwierigkeit besteht darin, Mitglied zu werden." Sie sind sehr wählerisch, wen sie wählen, und ich wage zu behaupten, dass ich nicht hineinkommen werde.'

„Nun, ich bin nur ein armer Kerl (da ich keinem Club angehöre), aber ich denke, ich kann Ihnen sagen, dass Sie diesen Kopf schonen sollen. Du kommst rein, ich uphaud – und deine dreißig Pfund kommen auch rein.'

„Wenn ich reinkomme, dann deshalb, weil der Herausgeber mich unterstützt."

„Das ist das erste Schlechte, was ich je von ihm gehört habe."

„Sie glauben nicht, dass er etwas von den dreißig Pfund bekommen wird, oder?"

„Wenn ich es täte , wäre ich umso zufriedener, denn er war ein guter Freund für uns, aber was mich wahnsinnig macht, ist, dass jeder Cent davon an diese unverschämten Schurken geht."

„Was für unverschämte Schurken?"

„Diejenigen, die den Verein haben."

„Aber alle Mitglieder haben den Verein zwischen sich."

„Havers! Ich lasse mich nicht mit Spreu erwischen .'

„Aber glauben Sie mir nicht?"

„Ich glaube, sie haben deinen Kopf mit ihren Geschichten gefüllt, bis du schluckst, was sie dir erzählen." Wenn der Ort den Mitgliedern gehört, warum müssen sie dann dreißig Pfund zahlen?

„Damit es weitergeht."

„Sie müssen also nicht für ihr Abendessen bezahlen?"

„Oh ja, für das Abendessen müssen sie extra bezahlen."

„Und ein verdammt schwarzer Preis, denke ich."

„Na ja, fünf oder sechs Schilling."

'Ist das alles? Verdammt , es ist nichts, ich frage mich, ob sie den Preis nicht erhöhen.'

Dennoch hatte meine Mutter ein Geschlecht, das Vorurteile verachtete, und manchmal ließ sie den Sarkasmus hinter sich und befragte mich ins Kreuzverhör, als ob sie sich noch nicht entschieden hätte. „Sagen Sie mir Folgendes: Wenn Sie krank würden, würden Sie dann eine wöchentliche Entschädigung aus dem Club erhalten?"

Nein, so ein Club war es nicht.

'Ich verstehe. Nun, ich versuche nur herauszufinden, um was für einen Verein es sich handelt. Haben Sie bei Unfällen etwas davon?

Kein Cent.

„Irgendwas zu Neujahr ? "

Nicht einmal eine Gans.

„Gibt es irgendein sterbliches Ding, das du aus diesem Club freibekommst?"

Es gab kein einziges sterbliches Ding.

„Und dreißig Pfund zahlen Sie dafür?"

Wenn das Komitee mich wählen würde.

„Wie viele sind im Ausschuss?"

Ungefähr ein Dutzend, dachte ich.

'Ein Dutzend! Ja, ja, das macht zwei Pfund zehn pro Person.'

Als ich gewählt wurde , hielt ich es für klug, meine Schwester mit den Neuigkeiten nach oben zu schicken. Meine Mutter bügelte und äußerte sich nicht dazu, außer mit dem Bügeleisen, dessen Geräusche ich in der Box noch heftiger hören konnte. Plötzlich hörte ich sie lachen – zweifellos über mich, aber sie hatte die Kontrolle über ihr Gesicht wiedererlangt, bevor sie nach unten kam, um mir sarkastisch zu gratulieren. „Das waren großartige Neuigkeiten", sagte sie ohne zu zögern, und ich muss dem Komitee, den edlen Critturs , schreiben und ihm danken . Ich sah hinter ihre Maske und bewahrte würdevolles Schweigen, aber sie würde noch eine Chance auf mich haben. „Und sagen Sie ihnen ", sagte sie von der Tür aus, „Sie hatten Zweifel, ob Sie gewählt werden würden, aber Ihre alte Mutter war sich sicher, dass sie Sie hereinschmuggeln würden." Ich hörte sie leise lachen, als sie die Treppe hinaufging, aber obwohl ich ihr einen Witz erzählt hatte, wusste ich, dass sie dem Ausschuss unbedingt sagen wollte, was sie von ihnen hielt.

Wissen Sie, Geld bedeutete ihr so viel, obwohl sie selbst in ihren ärmsten Zeiten die fröhlichste Geberin war. Früher, als der Artikel ankam, las sie ihn nicht sofort, sondern zählte zunächst die Zeilen, um herauszufinden, was wir dafür bekommen sollten – sie und die Tochter, die ihr so am Herzen lag, hatten die Zahlung pro Zeile berechnet, und Ich erinnere mich, dass ich einmal eine Diskussion zwischen ihnen darüber belauschte, ob dieser Untertitel einen weiteren Sixpence bedeutete. Ja, sie kannte den Wert des Geldes; Sie hatte am Ende immer die Dinge bekommen, die sie wollte, aber jetzt konnte sie sie leichter bekommen, und es verwandelte ihr einfaches Leben in ein Märchen. So oft fiel sie damals plötzlich auf die Knie; so würden wir sie überfallen und geräuschlos davonziehen. Nach ihrem Tod fand ich heraus, dass sie in einer kleinen Schachtel mit einem Foto von mir als Kind die Umschläge aufbewahrt hatte, die meine ersten Schecks enthalten hatten. Um sie herum war ein kleines Band.

KAPITEL V
Ein TAG IHRES LEBENS

Ich möchte einen Tag ihres Lebens in Erinnerung rufen, wie er zu dieser Zeit war, als ihr Geist so strahlend wie eh und je und ihre Hand so eifrig war, sie aber nicht mehr viel arbeiten konnte. Es sollte nicht schwierig sein, denn sie wiederholte sich von Tag zu Tag und tat es dennoch mit einer seltsamen Unvernünftigkeit, die immer wieder neue Freude hervorbrachte. Unsere Liebe zu ihr war so groß, dass wir leicht erkennen konnten, was sie unter bestimmten Umständen tun würde, aber sie hatte immer eine neue Art, es zu tun.

Nun, mit Tagesanbruch wacht sie auf, setzt sich im Bett auf und steht mitten im Zimmer. Sie war morgens so flink (eines unserer Probleme mit ihr), dass diese drei Aktionen als eine betrachtet werden müssen; Sie liegt auf dem Boden, bevor Sie Zeit haben, sie zu zählen. Sie hat den strikten Befehl, nicht aufzustehen, bis ihr Feuer angezündet ist, und nachdem sie diese Befehle gebrochen hat, zeichnet sich eine zurückhaltende Hochstimmung auf ihrem Gesicht ab. Die Frage ist, was zu tun ist, bevor sie erwischt und wieder ins Bett gebracht wird. Ihre Finger brennen darauf, das Frühstück vorzubereiten; Am liebsten würde sie das Gitter mit schwarzem Blei versehen, aber das könnte ihre Tochter aufrütteln, von deren Seite sie so listig abgewichen ist. Sie erblickt den Bildschirm am Fußende des Bettes und sofort wird ihr weiches Gesicht sehr entschlossen. Um sie vor Zugluft zu schützen, war der Schirm aus dem herrschaftlichen Ostzimmer hierher gebracht worden, wo er überhaupt keinen Nutzen hatte. Aber ihrer Meinung nach war es zu schön für den Gebrauch; es gehörte zum Ostzimmer, wo sie einen angenehmen Blick darauf werfen konnte; Sie hatte gegen die Entfernung Einspruch erhoben und war sogar niedergeschlagen. Jetzt ist ihre Chance. Der Schirm ist ein unhandliches Ding, aber dennoch trägt sie ihn wie eine Maus, und sie sind deutlich unter dem Gewicht, wenn er gegen die Gashalterung im Gang stößt. Im nächsten Moment wird sie von einer vorwurfsvollen Hand verhaftet. Sie wird herausgefordert, nicht im Bett zu sein, sie bestreitet es – sie steht im Flur. Sanftmütig oder stur geht sie wieder ins Bett, und es ist für Sie keine Genugtuung, wenn Sie sagen können: „Na, na, von allen Frauen!" und so weiter, oder „Sicherlich wussten Sie, dass der Bildschirm hierher gebracht wurde, um Sie zu schützen", denn sie wird verächtlich antworten: „Wer hat den Bildschirm berührt?"

Mittlerweile bin ich aufgewacht (ich bin durch die Wand hindurch) und geselle mich besorgt zu ihnen: So oft ist meine Mutter nachts krank geworden, dass das leiseste Geräusch aus ihrem Zimmer das Haus aufweckt. Sie liegt wieder im Bett und sieht aus, als wäre sie nie aufgestanden, aber ich kenne sie und höre mir streng die Geschichte ihrer Verfehlungen an. Sie ist nicht zerknirscht. Ja, vielleicht hat sie versprochen, sich bei Tagesanbruch nicht auf die kalten Böden zu begeben, aber sie war nur für einen Moment aufgestanden, und wir haben sie nur mit unserem Gespräch über Zugluft geärgert – so etwas wie Zugluft gab es in ihren jungen Jahren noch nicht – und es ist mehr, als sie tun kann (hier versucht sie wieder aufzustehen, aber wir halten sie fest), da zu liegen und zuzusehen, wie dieser schöne Bildschirm zerstört wird. Ich antworte, dass die Schönheit des Bildschirms schon immer sein kläglicher Mangel war: Ho, da! nach einem Messer, mit dem man seine Schönheit verderben und das Schlafzimmer zu seinem passenden Zuhause machen kann. Da ich kein Messer zur Hand habe, genügt mein Fuß; Ich hebe meinen Fuß, und dann – sie sieht, dass er nackt ist, schreit sie mir aufgeregt zu, ich solle wieder ins Bett gehen, damit ich mich nicht erkälte. Denn auch wenn sie, immer rücksichtslos gegenüber sich selbst, unbeschuht durch das Haus schlendert und uns sagt, wir sollen nicht reden, wenn wir sie tadeln, erregt der Anblick einer von uns, die ähnlich nachlässig ist, sofort Besorgnis in ihr. Sie ist jetzt bereit, jedes Gelübde zu unterschreiben, wenn ich nur mit meinen nackten Füßen wieder ins Bett gehe, aber wahrscheinlich ist sie bald hinter mir her, um sicherzustellen, dass ich schön zugedeckt bin.

Es ist kaum sechs Uhr, und wir haben alle versprochen, noch eine Stunde zu schlafen, aber nach zehn Minuten ist sie sich sicher, dass es acht geschlagen hat (das Haus ist in Ungnade gefallen) oder dass, wenn nicht, etwas mit der Uhr nicht stimmt. Im nächsten Moment wird sie auf dem Weg nach unten gefangen, um die Uhr aufzuziehen. Offensichtlich müssen wir also aufstehen und arbeiten, und da wir keine Dienerin haben, verschwindet meine Schwester in der Küche, nachdem sie mich zuvor gebeten hat, dafür zu sorgen, dass „diese Frau" still liegt, und „diese Frau" ruft, dass sie immer still liegt , also worüber quatschen wir ?

Sie ist jetzt auf und trägt ihr dickes kastanienbraunes Tuch. Über ihren Schultern (damit sie sich trotz unserer Wachsamkeit nicht verirrt) trägt sie einen Schal, den sie nicht selbst gelegt hat, und auf ihrem Kopf einen köstlichen Mutch . O, dass ich das Lobgesang der weißen Mütze (und das Klagelied der kunstvollen schwarzen Mütze) von dem Tag an singen könnte , als sie die Hexerei zu Hilfe rief und es aus Schneeflocken und den lieben, abgenutzten Händen machte, die es zärtlich reinwaschen eine Schüssel und die Stärke davon und das Fingereisen wegen seiner exquisiten Rüschen, die wie Zuckerlocken aussahen, und der süßen Bänder, mit denen es unter dem Kinn gebunden wurde! Der geehrte verschneite Mutch , wie ich es liebe, ihn aus den Türen und Fenstern der Armen zu mir lächeln zu sehen; Es lächelt immer – manchmal vielleicht ein schwankendes, wehmütiges Lächeln, als ob eine Träne zwischen den Rüschen verborgen wäre. Hundertmal habe ich meiner Mutter die charakterlose Mütze vom Kopf genommen, den Hut aufgesetzt und die Bänder unter ihrem Kinn festgebunden, während sie protestierte, aber sehr zufrieden war. Denn in ihrem Herzen wusste sie, was am besten zu ihr passte, und gab es strahlend zu, als ich ihr einen Spiegel in die Hände drückte und ihr sagte, sie solle hinschauen; aber trotzdem kostete die Kappe nicht weniger als so und so, wohingegen – War das ein Klopfen an der Tür? Sie ist weg, um ihre Mütze aufzusetzen!

Sie beginnt den Tag am Kamin mit dem Neuen Testament in ihren Händen, einem alten Band, dessen lose Seiten wunderschön neu fixiert sind und dessen Einband von ihr so genäht und neu genäht wurde, dass man sagen würde, dass er nie in Stücke fallen kann. Es gehört jetzt mir, und für mich gehören die schwarzen Fäden, mit denen sie es genäht hat, zum Inhalt. Andere Bücher las sie auf die übliche Art und Weise, aber dieses hier anders, ihre Lippen bewegten sich bei jedem Wort, als würde sie laut vorlesen, und ihr Gesicht war sehr ernst. Das Testament liegt aufgeschlagen auf ihrem Schoß, lange nachdem sie aufgehört hat zu lesen, und ihr Gesichtsausdruck hat sich nicht verändert.

Ich habe gesehen, wie sie früh am Tag andere Bücher las, aber nie ohne einen schuldbewussten Gesichtsausdruck, denn bis zum Einbruch der Nacht hielt sie das Lesen für kaum anständig. Den Vormittag verbringt sie mit dem, was sie Nichtstun nennt, was darin bestehen kann, dass sie so hart näht, dass man schwören könnte, sie wäre ihr Leben lang eine überarbeitete Näherin gewesen, oder man findet sie auf einem Tisch mit Nägeln im Mund, und Sobald sie aus der Mansarde gejagt werden muss (sie hat plötzlich beschlossen, ihre Vorhänge zu wechseln), oder sie ist unter dem Bett auf der Suche nach Bandschachteln und fragt streng, wo wir diese Haube hingelegt haben. Im Großen und Ganzen benimmt sie sich heute äußerst vorbildlich (wir haben sie kein einziges Mal beim Versuch erwischt, ins Waschhaus zu gehen), und wir machen ihr beim Abendessen Komplimente, teils weil sie es verdient, teils weil sie es verdient Lassen Sie sie sich so gut finden, dass sie etwas isst, nur um ihren neuen Charakter zu bewahren. Ich frage mich, ob sie eine Stunde ihres Lebens den Gedanken ans Essen gewidmet hat; In ihren großen Tagen schien ihr das Essen Zeitverschwendung zu sein, und danach aß sie nur, um damit zu prahlen, als etwas, das sie getan hatte, um uns zu gefallen. Sie erinnerte sich selten daran, ob sie gegessen hatte, nahm aber immer an, dass sie es getan hatte, und während sie mir in gutem Glauben erzählte, woraus die Mahlzeit bestand, konnte sie vielleicht mitgebracht werden. Wenn ich in London war, musste ich täglich hören, was sie aß, und vielleicht hatte sie alles Geschirr abgelehnt, bis sie Feder und Tinte hervorgeholt hatten. Diese wurden vor ihr ausgebreitet, und dann sagte sie mit einem Seufzer: „Sag ihm, ich soll ein Ei essen." Aber sie ließen sich nicht so leicht täuschen; Sie warteten mit der Feder in der Hand, bis das Ei gegessen war.

Sie ist in ihrem Leben noch nie „spazieren gegangen". Als Mädchen hatte sie viele lange Fußmärsche hinter sich, wenn sie das Abendessen ihres Vaters in einer Kanne auf das Land trug, wo er bei der Arbeit war, aber ohne Ende zu laufen, nur um der Gesundheit willen, kam ihr sehr drollig vor. In ihren jungen Jahren war sie sich sicher, dass noch nie jemand spazieren gegangen war und sie nie den Glauben verloren hatte, dass es sich um eine Absurdität handelte, die von einer neuen Generation eingeführt wurde, die zu viel Zeit hatte. Dass es ihnen Spaß machte, konnte sie nicht glauben; Es war lediglich eine Form der Angeberei, und als sie an ihrem Fenster vorbeikamen , sagte sie sich mit schallender Satire: „Ay, Jeames , gehst du jetzt spazieren?" und füge inbrünstig hinzu: „Lieber du als ich!" Ich war einer von denen, die gingen, und obwohl sie lächelte und vielleicht ein sarkastisches Wort fallen ließ, als sie sah, wie ich meine Stiefel anzog, war sie es, die sie in Vorbereitung auf meinen Weg erhitzt hatte. Die Vereinbarung zwischen uns sah vor, dass sie sich bis zu meiner Rückkehr hinlegen sollte, und um sicherzustellen, dass dies auch umgesetzt wurde, sah ich sie im Bett, bevor ich anfing, aber als die Tür zuknallte, würde sie am Fenster stehen und mir beim Gehen zusehen: Das gibt es Eine Stelle auf der Straße, an der ich mich tausendmal umgedreht habe, um ihr mit meinem Stock zu winken, während sie nickte und lächelte und mir ihre Hand küsste. Dieser Handkuss war der einzige englische Brauch, den sie gelernt hatte.

In etwa einer Stunde kehre ich zurück und finde sie vielleicht, wie versprochen, im Bett, aber ich bin immer noch misstrauisch. Der Weg zu ihrer Entdeckung ist umständlich.

„Ich muss jetzt aufstehen", sagt sie mit einem Gähnen, das vielleicht echt ist.

„Wie lange bist du schon im Bett gelegen?"

„Du hast mich gehen sehen."

„Und dann sah ich dich am Fenster. Bist du gleich wieder ins Bett gegangen?'

„Sicher hatte ich so viel Verstand."

'Die Wahrheit!'

„Vielleicht hätte ich zuerst einen Blick auf die Uhr geworfen."

„Es ist schrecklich, eine Mutter zu haben, die Ausflüchte macht." Liegst du, seit ich gegangen bin?'

„So ungefähr."

„Was bedeutet das genau?"

'Aus und an.'

„Waren Sie schon einmal in der Mansarde?"

„Was soll ich in der Mansarde machen?"

„Aber hast du?"

„Vielleicht habe ich einfach die Dachbodentreppe hinaufgeschaut."

„Du hast die Mansarde schon wieder aufgepeppt! "

Redd Up bezeichnen könnte ."

„O Frau, Frau, ich glaube, du warst überhaupt nicht im Bett!"

„Du siehst mich darin."

„Meiner Meinung nach bist du ins Bett gesprungen, als du hörtest, wie ich die Tür öffnete."

„Havers."

'Hast du?'

'NEIN.'

„Na, als du mich dann am Tor gehört hast?"

„Vielleicht war es, als ich dich am Tor hörte."

Als es hell wird, näht sie weiter am Fenster und holt eine weitere Nadel heraus, so wie man einem verstorbenen Besucher hinterherlaufen kann, um ein letztes Wort zu sagen, aber jetzt ist das Gas angezündet, und es ist keine Schande mehr, sich hinzusetzen zur Literatur. Wenn es sich bei dem Buch um eine Geschichte von George Eliot oder Mrs. Oliphant handelt, ihren (und meinen) Favoriten unter den Romanautorinnen, oder wenn es sich um eine Geschichte von Carlyle handelt und wir uns sanft bewegen, wird sie stundenlang fasziniert lesen. Ihre Begeisterung für Carlyle war so bekannt, dass verschiedene gute Leute ihr Bücher schickten, die eine Seite über ihn enthielten; Sie konnte mit dem Finger auf jede gewünschte Passage in der Biografie stoßen, als würde sie nach einem Artikel in ihrer eigenen Schublade suchen, und wenn sie ein Datum angab, war sie oft in der Lage, Ihnen zu erzählen, was sie an diesem Tag in der Cheyne Row machten. Carlyle, entschied sie, war nicht so sehr ein kranker Mann, mit dem man zusammenleben musste, sondern einer, der viel Pflege brauchte, aber als ich sie fragte, ob sie glaubte, sie hätte mit ihm klarkommen können, antwortete sie nur mit einem bescheidenen Lächeln, das „Oh nein!" bedeutete. hatte aber das Gesicht von „Sal, ich hätte es gerne versucht."

Eine Dame lieh ihr ein paar Dutzend Carlyle-Briefe, die nie veröffentlicht wurden, und die Schrift war mürrisch, aber obwohl meine Mutter es mochte, wenn ihr unsere Briefe vorgelesen wurden, las sie jeden einzelnen davon selbst und zitierte daraus sprechen. Neben den Carlyle-Briefen, die ihn in seinem anmutigsten Licht zeigen, befanden sich viele von seiner Frau an einen Freund, und in einem davon wird ein romantisches Abenteuer beschrieben – ich zitiere aus dem Gedächtnis, und im Vergleich dazu ist es eine dürftige Erinnerung die meiner Mutter, die alles auf ihre eigene Weise registrierte: „Wie alt waren Bell Tibbits vielleicht ? " Nun, sie wurde in der Woche geboren, in der ich den Heizkessel gekauft habe, also wird sie an Weihnachten eineinhalb Jahre alt (nicht weniger!).' Mrs. Carlyle war an einem Londoner Bahnhof in den Zug gestiegen und fühlte sich sehr einsam, denn die Reise nach Schottland lag vor ihr und niemand war gekommen, um sie zu verabschieden. Dann, gerade als der Zug abfuhr, sprang zu ihrem Bedauern ein Mann in den Waggon, bis sie sein Gesicht sah, als sie, siehe da, alte Freunde waren, und das letzte Mal, als sie sich trafen (ich weiß nicht mehr, wie viele Jahre zuvor), hatte er es getan bat sie, seine Frau zu sein. Er war sehr nett, und wenn ich mich recht erinnere, begleitete er sie bis zum Ende ihrer Reise, obwohl er vorgehabt hatte, irgendwo auf halber Strecke auszusteigen. Ich nenne das ein Abenteuer, und ich bin mir sicher, dass es für meine Mutter das berührendste und unvergesslichste Abenteuer war, das im Leben einer Frau passieren kann. „Sehen Sie, er hatte es nicht vergessen", sagte sie stolz, als wäre dies ein Kompliment, an dem sich das ganze Geschlecht beteiligen könnte, und in ihrem alten, zarten Gesicht leuchtete etwas von der Hochstimmung, mit der Mrs. Carlyle diesen Brief schrieb.

Aber es gab Zeiten, meinte sie, in denen Carlyle seine Frau zu einer glorreichen Frau gemacht haben musste. 'Als wenn?' Ich könnte nachfragen.

„Als sie durch die Tür seines Arbeitszimmers hereinspazierte und sich sagte: „Die ganze Welt hallt von seinem Ruhm wider, und er ist mein Mann!"

„Und dann", könnte ich darauf hinweisen, „brüllte er ihr zu, sie solle die Tür schließen."

„Puh!" sagte meine Mutter, „das Gebrüll eines Mannes ist weder hier noch da." Aber insgesamt lautete ihr Urteil: „Ich wäre lieber seine Mutter als seine Frau gewesen."

Also haben wir sie auf ihren Stuhl bei den Carlyles gesetzt , und alles ist gut. Außerdem: 'to mak „Siccar ", mein Vater hat die gegenüberliegende Seite des Kamins eingenommen und ist tief in den letzten fünf Säulen von Gladstone, der sein Carlyle ist. Er soll dafür sorgen, dass sie nicht entgleitet, angefeuert von der Überzeugung, die plötzlich ihre Seiten überwältigt, dass die Küche aus Mangel an ihr verfallen wird, und sie soll ihn zu sich zurückrufen, falls er seinen Fuß in die Küche setzt Feuer und behalte es dort, vergiss alles außer der Beredsamkeit seines Helden. (Wir waren eine Familie, die viel Aufmerksamkeit brauchte.) Sie interessiert sich nicht dafür, was Herr Gladstone zu sagen hat; tatsächlich könnte sie nie dazu gebracht werden, Politik als eine ernstzunehmende Angelegenheit für erwachsene Menschen zu betrachten (eine Klasse, zu der sie kaum Männer zählte), und sie gab dankbar die Lektüre von „Führern" auf, als ich aufhörte, sie zu schreiben. Aber ebenso wie der Mangel an Vernünftigkeit, die Liebe, das letzte Wort zu haben, der Mangel an Humor und dergleichen, war Politik ihrer Meinung nach ein männliches Attribut, das toleriert werden musste, und Gladstone war der Name des Etwas, das unser gesamtes Geschlecht zu solch seltsamen Charakteren macht. Sie hatte ein tiefes Vertrauen in ihn als Gesprächshilfe, und wenn es stille Männer in der Gesellschaft gäbe, würde sie ihn ihnen zum Reden geben, genau wie sie einen Kuchen unter Kindern aufteilte. Und dann ließ sie es mit einem mütterlichen Lächeln zu, sich an ihm zu verschlingen. Aber in der Vergötterung Gladstones erkannte sie dennoch eine gewisse Unvermeidlichkeit und hätte genauso wenig versucht, dagegen anzukämpfen, wie einen Schatten vom Boden zu fegen. Gladstone war es, und damit war in ihrer praktischen Philosophie Schluss. Sie akzeptierte ihn auch nicht kalt; Wie eine echte Frau hatte sie Mitleid mit denen, die schwer litten, und sie wussten es und suchten Rat in der Stunde der Not. Ich erinnere mich an einen leidenschaftlichen Gladstonianer, der sich, als eine Parlamentswahl näher rückte, tatsächlich in einer schwierigen Lage befand, weil er nicht an die Home Rule glaubte, und doch wie konnte er gegen „Gladstones Mann" stimmen? Sein Kummer war so real, dass er wie ein Hangdog aussah. Er legte ihr seinen Fall düster vor, und bis zum Tag der Wahl plagte sie ihn mit Sarkasmus; Ich glaube, er ging nur zu ihr, weil es ihm ein trauriges Vergnügen bereitete, mitanzusehen, wie ein falscher Gladstonianer gefoltert wurde.

Für ihn sei alles so einfach gewesen, betonte sie; Ihm gefiel diese Hausordnung nicht, und deshalb muss er dagegen stimmen.

„Sie brachte es erbärmlich klar zum Ausdruck", antwortete er mit einem Stöhnen.

Aber sie war für ihn wie eine andere Frau, als er auf dem Weg zur Wahlkabine vor ihr erschien.

„Das ist ein wässriger Sabbat für Sie, denke ich", sagte sie mitfühlend, aber ohne ihre Drähte fallen zu lassen – egal ob Home Rule hin oder her, dieser Strumpffuß muss vor zwölf Uhr umgedreht werden.

Ein wässriger Sabbat bedeutet einen traurigen Tag, und „Es ist ein wässriger Sabbat", antwortete er mit Gefühl. Es folgte Stille, die nur durch das Klicken der Drähte unterbrochen wurde. Hin und wieder murmelte er: „Na ja, ich werde wählen – ich hätte kaum gedacht, dass der Tag kommen würde" und so weiter, aber wenn er aufstand, setzte er sich nur wieder hin, und schließlich sie ging zu ihm hinüber und sagte leise (jetzt war kein Sarkasmus mehr in ihrer Stimme): „Weg mit dir und wähle Gladstones Mann!" Er sprang auf und machte sich wortlos davon, aber vom Ostfenster aus sahen wir, wie er den Bach hinunter stolzierte. Ich lachte, aber sie sagte: „Ich bin mir nicht sicher, ob das zum Lachen ist", und hinterher: „Es wäre mir lieber gewesen, die Mutter dieses Gladstones zu sein."

Es ist jetzt neun Uhr, Viertel nach neun, halb zehn – für mich ist es immer noch derselbe Moment, denn ich bin bei einem Satz, den ich nicht schreiben will. Obwohl ich es nicht hören kann, weiß ich, was meine Schwester nach oben gegangen ist, um meiner Mutter zu sagen:

„Ich war um neun bei ihm und er sagte: „In fünf Minuten", also legte ich das Steak auf den Brandherd, aber seitdem war ich dreimal dort, und jedes Mal sagte er: „In fünf Minuten." und als ich versuche, die Tischdecke abzunehmen, drückt er seine Ellbogen fest darauf und knurrt. Sein Abendessen wird völlig verdorben sein.'

„Oh, dieses langweilige Schreiben!"

„Ich kann nichts mehr tun, Mutter, also musst du herunterkommen und ihn aufhalten."

„Ich habe keine Macht über ihn", sagt meine Mutter, aber sie steht lächelnd auf und öffnet gerade meine Tür.

'In fünf Minuten!' Ich weine, aber als ich sehe, dass sie es ist, stehe ich auf und lege meinen Arm um sie. „Was für ein voller Korb!" sagt sie und blickt auf den Papierkorb, der den größten Teil meiner Arbeit des Abends enthält, und mit einer liebevollen Geste hebt sie eine zerrissene Seite hoch und küsst sie. „Armes Ding", sagt sie dazu, „und du hättest gern so schön gedruckt werden wollen!" und sie legt ihre Hand auf meinen Schreibtisch, um mich daran zu hindern, weiter zu schreiben.

„In den letzten fünf Minuten", beginne ich, „kann man oft mehr tun als in der ersten Stunde."

„Ich habe es in meiner Jugend schon oft gesagt", sagt sie langsam.

„Und es auch bewiesen!" schreit eine Stimme von der Tür, die Stimme von jemandem, der noch stolzer auf sie war als ich; Es ist wahr und doch fast unglaublich, dass jemand stolzer auf sie hätte sein können als ich.

„Aber diese Zeiten sind vorbei", sagt meine Mutter feierlich, „vorbei, um nicht mehr zurückzukommen." Du wirst jetzt deine Arbeit beiseite legen, Mann, und zu Abend essen, und dann wirst du heraufkommen und eine Weile neben deiner Mutter sitzen , denn bald wirst du sie im Kirchhof unterbringen."

Ich höre so einen kleinen Schrei in der Nähe der Tür.

Also gehen meine Mutter und ich zusammen die Treppe hinauf. „Wir haben den Ort gewechselt", sagt sie; „Genau so habe ich dir früher aufgeholfen, aber jetzt bin ich das Kind ."

Sie holt das Testament noch einmal hervor; es lag immer in Reichweite; Es ist die Haarlocke, die sie mir hinterlassen hat, als sie starb. Und wenn sie lange gelesen hat, „ schaut sie mich an", wie man im Norden sagt, und ich gehe hinaus, um sie mit Gott allein zu lassen. Sie war noch ein Kind, als ihre Mutter starb, und so begann sie schon früh, ihre Gebete ohne irdischen Zuhörer zu sprechen. Oft und oft habe ich sie auf den Knien gefunden, aber ich ging immer leise weg und schloss die Tür. Ich habe sie nie beten gehört, aber ich weiß sehr gut, wie sie betete und dass zwischen der erschöpften Frau und dem kleinen Kind kein Tag in den Augen Gottes lag, als diese Tür geschlossen war.

KAPITEL VI
IHRE Magd aller Arbeiten

Und manchmal war ich ihre Dienstmädchen.

Es ist früher Morgen und meine Mutter ist lautlos in mein Zimmer gekommen. Ich weiß, dass sie es ist, obwohl meine Augen geschlossen sind und ich nur halb wach bin. Vielleicht habe ich von ihr geträumt, denn ich akzeptiere ihre Anwesenheit ohne Überraschung, als hätte ich beim Erwachen nur gesehen, wie sie durch eine Tür hinausging und durch eine andere wieder hereinkam. Aber sie spricht mit sich selbst.

„Ich schwöre , ihn zu wecken – ich bezweifle, dass er lange gearbeitet hat – ach, dieses ermüdende Schreiben – nein, ich kann ihn nicht wecken."

Ich fange an. Sie ringt ihre Hände. 'Was ist falsch?' Ich weine, aber ich weiß es, bevor sie antwortet. Meine Schwester leidet unter Kopfschmerzen, gegen die selbst sie nicht ankämpfen kann, und meine Mutter, die körperliche Schmerzen erträgt wie eine Kameradin, ist am meisten betrübt, wenn ihre Tochter darunter leidet. „Und sie will mich nicht die Treppe hinuntergehen lassen, um ihr eine Tasse Tee zu kochen", stöhnt sie.

„Ich werde bald den Tee kochen, Mutter."

'Wirst du?' sagt sie eifrig. Deshalb ist sie zu mir gekommen, aber „Es ist schade, dich aufzuwecken", sagt sie.

„Und ich werde mich heute um das Haus kümmern und die Feuer anzünden und das Geschirr spülen –"

„Na, oh nein; Nein, das könnte ich von Ihnen nicht verlangen, und Sie sind ein Autor.'

„Es wird nicht das erste Mal sein, Mutter, seit ich Autorin bin."

„Eher der Fünfzigste!" „sagt sie fast schadenfroh, ich habe also gut angefangen, denn heute ist es das Beste, ihre Stimmung aufrechtzuerhalten."

Klopfen Sie an die Tür. Es ist der Bäcker. Ich nehme das Brot in mich auf und schaue ihn so streng an, dass er es nicht wagt zu lächeln.

Klopfen Sie an die Tür. Es ist der Postbote. (Ich hoffe, er hat nicht gesehen, dass ich den Deckel des Wasserkochers in meiner anderen Hand hatte.)

Wütendes Klopfen an einer entfernten Stelle. Das bedeutet, dass sich der Autor im Kohlenkeller befindet.

Gleich trage ich triumphierend zwei Frühstücke nach oben. Ich betrete das Schlafzimmer wie kein gewöhnlicher Sohn, sondern auf die Art und Weise des Kellners aus Glasgow. Ich muss mehr über ihn sagen. Er war der einzige Kellner meiner Mutter gewesen, der einzige Diener, mit dem sie jemals Kontakt hatte, und sie hatten sich in einem Hotel in Glasgow getroffen, das sie unbedingt sehen wollte, da sie von den monströsen Dingen gehört hatte, und stellte sich vor, dass sie mit weiteren zwölf Landgasthöfen ähnelten Schlafzimmer. Ich erinnere mich, wie sie strahlte – und doch versuchte, so auszusehen, als wäre es ein ganz gewöhnliches Erlebnis –, als wir an der Hoteltür ausstiegen, aber obwohl sie nichts sagte, konnte ich bald Enttäuschung in ihrem Gesicht lesen. Sie wusste, wie froh ich darüber war, sie hier zu haben, also wollte sie kein Wort sagen, um mich zu dämpfen, aber ich brachte es geschickt aus ihr heraus. Nein, sie fühlte sich sehr wohl und das Haus war unbeschreiblich großartig, aber – aber – wo war er? er war nicht sehr herzlich gewesen. „Er“ war der Vermieter; Sie hatte erwartet, dass er uns an der Tür empfing und fragte, ob wir bei guter Gesundheit seien und wie wir die anderen verlassen hätten, und dann hätte sie ihn gefragt, ob es seiner Frau gut gehe und wie viele Kinder sie hätten, woraufhin wir es alle tun sollten haben uns zum Abendessen zusammen gesetzt. Zwei Zimmermädchen kamen in ihr Zimmer und bereiteten es zu, ohne ihr ein einziges Wort über ihre Reise oder irgendetwas anderes zu sagen, und als sie gegangen waren: „Das sind zwei hochmütige Fräuleins“, sagte meine Mutter voller Elan. Was sie jedoch am meisten verärgerte, war der Kellner mit seinem protzigen schwarzen Anzug, den kurzen, schnellen Schritten und dem „Handtuch“ über dem Arm. Ohne auch nur ein „Willkommen in Glasgow!“ Er zeigte uns unsere Plätze, wir entzogen uns nicht die geringste Anerkennung für unsere Freundlichkeit, so großzügige Befehle zu erteilen, er schwebte um den Tisch herum, als wäre es gefährlich, uns mit seinen Messern und Gabeln zurückzulassen (er hätte sie sehen sollen). Als wir miteinander sprachen, tat er so, als würde er nichts hören, wir lachten vielleicht, aber dieser hochnäsige Kerl stimmte nicht mit. Wir zogen uns niedergeschlagen zurück, und er hatte die letzte Unverschämtheit, die Tür für uns zu öffnen. Aber obwohl dies meiner Mutter damals weh tat, erfüllte sie der Humor unserer Erfahrungen beim Nachdenken, und in ihrem eigenen Haus beschrieb sie sie salbungsvoll, manchmal gegenüber denen, die in vielen Hotels gewesen waren, oft gegenüber anderen, die in keinem gewesen waren , und wer auch immer ihre Zuhörer waren, sie brachte sie zum Lachen, wenn auch nicht immer über das Gleiche.

Wenn ich nun mit dem Tablett das Schlafzimmer betrete, trage ich das Zeichen des Stolzes auf meinem Arm: das Handtuch. und ich nähere mich mit akribischen Schritten, um Madam mitzuteilen, dass das Frühstück fertig ist, und sie geht in Gesellschaftsform auf mich zu, spricht mich mit „Sir“ an und fragt mit grausamem Sarkasmus, zu welchem Zweck (außer um zu prahlen) ich das Handtuch trage, und ich sage: „Kann ich noch etwas für Madam tun?“ und Frau antwortet, dass ich noch etwas tun kann, nämlich ihr

Frühstück für sie zu essen. Aber ich nehme das nicht zur Kenntnis, denn mein Ziel ist es, sie mit dem Geist des Spiels anzufeuern, damit sie unabsichtlich frisst.

Jetzt, wo ich die Frühstückssachen geklärt habe, sollte ich mit dem Schreiben beginnen, und ich kann es kaum erwarten, dabei zu sein, da ich eine Idee im Kopf habe, die, wenn sie von Wert ist, mit ziemlicher Sicherheit von dort umgesetzt wurde ihr. Aber darf ich es wagen? Ich weiß, dass das Haus noch nicht richtig eingerichtet ist, es müssen Betten gemacht werden, das Äußere der Teekanne ist in Ordnung, aber nehmen wir an, jemand würde hineinschauen? Schade, dass ich das Mehlfass umgestoßen habe! Kann ich hoffen, dass meine Mutter einmal vergisst, sich nach diesen Dingen zu erkundigen? Ist meine Schwester bereit , die Unordnung bis morgen herrschen zu lassen? Ich beschließe, es zu riskieren. Vielleicht bin ich schon eine halbe Stunde auf der Arbeit, als ich Bewegungen über mir höre. Der eine oder andere fragt sich, warum es im Haus so ruhig ist. Ich rüttele mit der Zange, aber auch das befriedigt sie nicht, also lege ich meine Papiere zurück in den Schreibtisch, und jetzt hört man nicht mehr das Kratzen eines Stifts, sondern das Spülen von Töpfen und Pfannen, oder ich mache Betten und mache Sie gründlich, denn wenn ich weg bin, wird meine Mutter kommen (ich kenne sie) und misstrauisch unter die Bettdecke schauen.

Die Küche ist jetzt fleckenlos, kein ungewaschener Teller mehr in Sicht, es sei denn, man blickt unter den Tisch. Ich habe das Gefühl, dass ich mir endlich die Zeit für eine Stunde Schreiben verdient habe, und ich arbeite mit Nachdruck daran . Eine Seite, zwei Seiten, ich mache wirklich Fortschritte, wann – war das eine Türöffnung? Aber ich habe den leichten Tritt meiner Mutter im Gehirn, also „joche" ich noch einmal, und im nächsten Moment ist sie neben mir. Sie hat ihr Zimmer noch nicht wirklich verlassen, gibt sie mir zu verstehen; Doch plötzlich kam sie zu der Überzeugung, dass ich ohne eine warme Matte zu meinen Füßen schreibe. Sie trägt eines in ihren Händen. Jetzt, wo sie hier ist, bleibt sie eine Zeit lang, und obwohl sie im Sessel am Feuer sitzt, wo sie kerzengerade sitzt (sie liebte es, Kissen auf den unbenutzten Stühlen zu haben, aber sie hasste es, sich mit dem Rücken dagegen zu lehnen), und Ich beuge mich tief über meinen Schreibtisch, ich weiß, dass Zufriedenheit und Mitleid um ihr Gesicht ringen: Zufriedenheit siegt, wenn sie ihr Zimmer betrachtet, Mitleid, wenn sie mich ansieht. Jedes Möbelstück, von den Stühlen, die mit mir auf die Welt kamen und sich viel besser abgenutzt haben, obwohl ich neu war und sie aus zweiter Hand waren, bis zu der modischen Kaminsimsbordüre, die sie in ihrem siebzigsten Lebensjahr nähte hat den Stich in einer halben Unterrichtsstunde gelernt, hat für sie eine Geschichte über Kampf und Erfolg, daher ihre Zufriedenheit; aber sie seufzt beim Anblick ihres Sohnes, der die abscheuliche Feder eintaucht, zerreißt und kaut.

„Oh, dieses langweilige Schreiben!"

Vergebens erzähle ich ihr, dass das Schreiben für mich so angenehm ist wie die Aussicht auf einen gewaltigen Tag mit dem Bügeln für sie; dass (für einige, wenn auch nicht für mich) neue Kapitel genauso einfach herauszubringen sind wie neue Bannocks . Nein, behauptet sie, denn ein Bannock ist das Mark eines anderen, während Kapitel – und dann funkeln ihre Augen vielleicht und sagt frech: „Aber, Sal , vielleicht hast du recht, denn manchmal sind deine Bannocks so ähnlich wie meine." !'

Oder ich werde durch ihren Schrei, dass ich wieder seltsame Gesichter mache, vom Schreiben abgelenkt. Es ist meine verachtenswerte Schwäche, dass ich, wenn ich sage, dass eine Figur ausdruckslos lächelte, auch ausdruckslos lächeln muss; Wenn er die Stirn runzelt oder einen lüsternen Blick auf sich zieht, runzele ich die Stirn oder blicke ihn an; Wenn er feige ist oder zu Verrenkungen neigt, zucke ich zusammen oder verdrehe meine Beine, bis ich mit dem Schreiben aufhören muss, um den Knoten zu lösen. Ich verneige mich mit ihm, esse mit ihm und kaue mit ihm an meinem Schnurrbart. Wenn es sich bei der Figur um eine Dame mit einem exquisiten Lachen handelt, erschrecke ich Sie plötzlich, indem ich exquisit lache. Man liest von der erstaunlichen Vielseitigkeit eines Schauspielers, der gleichzeitig kräftig und schlank ist, aber was bedeutet er für den Romanautor, der in einer Stunde ein Dutzend Menschen ist? Moralisch, fürchte ich, müssen wir uns verschlechtern – aber das ist ein Thema, von dem ich klugerweise Abstand nehmen sollte.

Wir sprachen immer in breitem Scotch miteinander (ich glaube immer noch), aber ab und zu benutzte sie ein Wort, das für mich neu war, oder ich hörte es vielleicht von einem ihrer Zeitgenossen verwenden. Jetzt ist meine Gelegenheit, der Bedeutung nachzugehen. Wenn ich dreist frage, welches Chatwort sie gerade verwendet hat, etwa „ Bilbie " oder „ Silvendy "? Sie errötet und sagt, dass sie noch nie etwas so Alltägliches gesagt hat, oder johlt! Es ist ein altmodisches Wort, über das sie mir nichts sagen kann. Aber wenn ich im Laufe des Gesprächs beiläufig bemerke: „Hat er Bilbie gefunden ?" oder „War das ganz schön ruhig ?" (Obwohl mir der Sinn der Frage unklar ist) tappt sie in die Falle und die Worte erklären sich in ihren Antworten von selbst. Oder vielleicht sieht sie heute, wohin ich sie führe, und ihre Sensibilität ist so groß, dass sie ziemlich verletzt ist. Der Humor verschwindet aus ihrem Gesicht (Bilbie an einem ruhigeren Ort zu finden) und aus ihren vorwurfsvollen Augen – aber jetzt sitze ich auf der Armlehne ihres Stuhls, und wir haben uns versöhnt. Trotzdem werde ich an diesem Vormittag keinen altmodischen Scotch mehr aus ihr herausbekommen, sie sortiert ihr Gerede entschlossen aus, und es ist ein ebenso großes Nachlassen, als wenn der Mutch der Mütze Platz macht.

Ich mache meinen Nachmittagsspaziergang und sie hat versprochen, die Tür hinter mir zu verriegeln und sie niemandem zu öffnen. Als ich zurückkomme, ist die Tür immer noch verriegelt, aber sie sieht sowohl verstohlen als auch begeistert aus. Ich sollte sagen, dass sie mir unbedingt etwas sagen möchte, es aber nicht sagen kann, ohne sich zu entblößen. Hat sie die Tür geöffnet und wenn ja, warum? Ich frage nicht, aber ich schaue zu. Sie ist es, die jetzt schlau ist.

„Waren Sie seit Ihrem Eintreten im Ostzimmer?" sie fragt scheinbar gleichgültig.

'NEIN; Warum fragst du?'

„Oh, ich dachte nur, du hättest vielleicht reingeschaut."

„Gibt es da etwas Neues?"

„Das behaupte ich nicht , aber – aber geh einfach hin und sieh es dir an."

„Wenn man die Tür verriegelt, kann es nichts Neues geben", sage ich geschickt.

Das erdrückt sie für einen Moment; aber ihr Wunsch, dass ich es sehen sollte, ist größer als ihre Angst. Ich mache mich auf den Weg zum Ostzimmer, und sie folgt mir mit scheinbarer Demut, aber mit triumphierendem Blick. Wie oft ereigneten sich diese kleinen Szenen! Mir wurde nie von dem Neukauf erzählt, ich wurde in seine Gegenwart gelockt, und dann wartete sie schüchtern auf meine Überraschung.

'Siehst du es?' „Sagt sie besorgt, und ich sehe und höre es, denn diesmal ist es ein nagelneuer Korbstuhl, von der Art, wie sie in den ersten sechs Monaten vor sich hinflüstern."

„Eine umherziehende Person hat sie in einem Karren verkauft", beginnt meine Mutter, und was folgte, erscheint mir vor Augen, bevor sie ein weiteres Wort sagen kann. Mindestens zehn Minuten stand sie an der Tür und schimpfte mit diesem Mann. Aber es wäre grausam, eine so selbstbewusste Frau zu schelten.

„Fünfzehn Schilling wollte er", schreit sie, „aber womit habe ich ihn Ihrer Meinung nach unter Druck gesetzt?"

„Sieben und Sixpence?"

Sie klatscht vor Freude in die Hände. „Vier Schilling, da ich eine lebende Frau bin!" Sie kräht: Noch nie hat eine Frau ein Schnäppchen gemacht.

Ich betrachte den Kauf mit dem Erstaunen, das man von mir erwartet, und der Stuhl selbst krümmt sich und zittert, als er hört, wofür er sich entschieden hat (oder kichert er sie nur an?). „Und der Mann sagte, es habe ihn fünf

Schilling gekostet", fährt meine Mutter jubelnd fort. Man hätte sie für die härteste Person halten können, wenn uns nicht ein Klopfen an der Wand dieses Mal an die Seite meiner Schwester gerufen hätte. Obwohl sie im Bett lag, hörte sie zu, und das ist es, was sie mit einer Stimme zu sagen hat, die meine Mutter sehr empört: „Du machst ein Schnäppchen!" Ich glaube, zehn Schilling waren näher an dem, was Sie bezahlt haben.'

„Vier Schilling für einen Penny!" sagt meine Mutter.

„Das glaube ich", sagt meine Schwester; „Aber nachdem Sie ihm das Geld bezahlt hatten , hörte ich Sie in dem kleinen Schlafzimmer drücken. Was hast du dort gemacht?'

Meine Mutter zuckt zusammen. „Vielleicht habe ich ihm einen alten Mantel geschenkt", sagt sie. „Er sah unglücklich aus . Aber das war, nachdem ich den Handel abgeschlossen hatte.'

„Waren Kleinkinder im Wagen?"

„Vielleicht war ein kleines Mädchen im Einkaufswagen."

„Das habe ich mir auch gedacht. Was hast du ihr gegeben? Ich habe dich in der Speisekammer gehört.'

„Für vier Schilling habe ich diesen Stuhl bekommen", antwortet meine Mutter bestimmt. Wenn ich mich nicht einmische, wird es mindestens eine Minute lang eine Kälte zwischen ihnen geben. „Da ist Blut an deinem Finger", sage ich zu meiner Mutter.

„ Das stimmt", sagt sie und versteckt ihre Hand.

'Blut!' ruft meine Schwester ängstlich und dann mit einem Triumphschrei: „Ich garantiere, dass es Gelee ist." Du hast diesem Mädchen eine der Geleedosen gegeben!'

Der Kellner aus Glasgow bringt Tee, und kurz darauf kann meine Schwester aufstehen, und nach einem heftigen Kampf werde ich aus der Küche verwiesen. Das letzte, was ich als Dienstmädchen mache, ist, den Wäschekorb nach oben zu schleppen, der gerade mit der Mangel angekommen ist. Jetzt gibt es für meine Mutter köstliches Leinen zum Fingern; Wenn der Wäschekorb hereinkam, war auf ihrem Gesicht immer Entzücken zu sehen; Es gelang ihr immer wieder, das aktive Genie des Hauses zu werden. Vielleicht lasse ich sie jetzt mit ihren Laken, Kragen, Servietten und Vorderteilen zurück. Tatsächlich befiehlt sie mir wahrscheinlich zu gehen. Ein Sohn ist ja schön und gut, aber angenommen, er würde auf diese Bettdecke treten!

Meine Schwester ist aber und ich bin Ben – ich meine, sie ist im Osten und ich bin im Westen – tuts, tuts! Lassen Sie uns das auf Englisch verstehen, indem wir uns bemühen: Sie ist in der Küche und ich bin an meinem Schreibtisch im Wohnzimmer . Ich hoffe, dass ich nicht gestört werde, denn heute Abend muss ich meinen Helden dazu bringen, „Liebling" zu sagen, und das erfordert sowohl Privatsphäre als auch Konzentration. Mit einem Wort, lassen Sie mich zugeben (obwohl ich gerne um den heißen Brei reden möchte), dass ich mich an ein Liebeskapitel gesetzt habe. Zu lange wurde es gemieden, Albert hat Marion bis jetzt nur „lieb" genannt (das sind zwischen Ihnen und mir nicht ihre richtigen Namen), aber obwohl die Öffentlichkeit das Wort wahrscheinlich ohne mit der Wimper zu zucken lesen wird, ging es in meinen Händen mit einem ab Knall. Sie sagen mir – die Sassenach sagen es mir –, dass ich mit der Zeit in der Lage sein werde, Albert ohne Erröten dazu zu bringen, „Liebling" zu sagen, und sie sogar in seine Arme zu nehmen, aber ich fange an, daran zu zweifeln; Der Moment sieht mich so schüchtern wie immer; Ich finde es immer noch ratsam, die Tür abzuschließen, und dann – außer dem Hund gibt es keinen Zeugen – „tue" ich es mürrisch und mit zusammengebissenen Zähnen, während der Hund sich in die hinterste Ecke zurückzieht und stöhnt. Der mutigere Engländer wird (wie mir gesagt wurde) ein Liebeskapitel schreiben und dann ganz kühl zum Abendessen ausgehen, aber solche Dinge widersprechen der schottischen Natur; selbst die großen Romanciers wagten es nicht. Stellen Sie sich Mr. Stevenson vor, der mit einem Helden, einer Heldin und einem bevorstehenden Heiratsantrag allein zurückbleibt (er weiß nicht, wo er suchen soll). Unter den gleichen Umständen verlässt Sir Walter den Raum, indem er seine Liebesszenen zwischen dem Ende eines Kapitels und dem Anfang des nächsten spielen lässt, aber er könnte es sich leisten, alles zu tun, und der kleine Junge muss dazu kommen Aufgabe: Stöhne den Hund so sehr er will. Also habe ich mich an meine gebunden, als meine Mutter mit wehmütigem Blick hereinkommt.

„Ich nehme an, du bist ein schrecklicher Kerl ", sagt sie.

„Nun, ich bin ziemlich beschäftigt, aber – was soll ich tun?"

„Es wäre eine Schande, Sie zu fragen."

„Fragen Sie mich trotzdem."

„Ich habe solche Angst, dass sie eingereicht werden könnten."

'Du willst mich auch-?'

„Wenn du einfach heraufkommen und mir helfen würdest, die Laken zu falten!"

Die Laken werden gefaltet und ich kehre zu Albert zurück. Ich schließe die Tür ab und führe meinen Helden endlich schön nach vorne (mein Knie in seinem Kreuz), als meine Schwester diese verblüffende Frage durch das Schlüsselloch schießt:

„Wo hast du die Karottenreibe hingelegt?"

Wenn ich Albert für einen Moment gehen lasse, muss ich alles noch einmal machen, also halte ich ihn fest im Griff und schreie empört, dass ich die Karottenreibe nicht gesehen habe.

„Worüber hast du dann die Karotten gerieben?" fragt die Stimme, und die Türklinke wird geschüttelt, genau wie ich Albert schüttle.

„Auf einer zerbrochenen Tasse", antworte ich überraschend bereitwillig und mache mich wieder an die Arbeit, bin aber weniger vertieft, denn in mir wächst die Überzeugung, dass ich die Karottenreibe in die Schublade der Nähmaschine gelegt habe.

Ich überlege, ob ich es gestehen oder dreist sagen soll, als ich höre, wie meine Schwester eilig nach oben geht. Ich habe das Gefühl, dass sie gegangen ist, um über mich zu reden, und ich öffne bescheiden meine Tür und höre zu.

„Schau dir das nur an, Mutter!"

„Ist es ein Geschirrtuch?"

„Das ist es jetzt."

„ Los behört ! es ist eine der neuen Tischservietten.'

„Das war es. Er hat damit den Küchenrost poliert!'

(Ich erinnere mich!)

„ Wehe mir! Das kommt daher, dass er mich nicht aus diesem Zimmer gehen lässt. O, es ist ein wässriger Sabbat, wenn Männer sich der Arbeit der Frauen widmen!'

„Es ist unmöglich zu begreifen, Mutter, was ihn so sinnlos macht."

„Oh, es ist dieses langweilige Schreiben."

„Und das Schlimmste ist, dass er morgen reden wird, als hätte er Wunder getan."

„So ist es mit dem ganzen Clanjam -Kampf."

„Ja, aber wie immer wirst du ihn bei Laune halten , Mutter."

„Na ja, es gefällt ihm, wissen Sie", sagt meine Mutter, „und wir können lachen, wenn seine Tür geschlossen ist."

„Er ist furchtbar handlos."

„Er ist das alles, aber, arme Seele, er gibt sein Bestes.“

KAPITEL VII
RLS

Ich vermute, dass diese vertrauten Initialen die beliebtesten in der neueren Literatur sind, sicherlich sind sie für mich die süßesten, aber es gab eine Zeit, in der meine Mutter sie nicht ertragen konnte. Sie sagte höhnisch: „Dieser Stevenson-Mann", und es fiel ihr nie leicht, höhnisch zu grinsen. Beim Gedanken an ihn wurde ihr Gesicht fast hart, was unglaublich erscheint, und sie verzog die Lippen, verschränkte die Arme und antwortete mit einem steifen „Oh", wenn man seinen ärgerlichen Namen erwähnte. In den Romanen haben wir eine Art, über unsere Heldin zu schreiben: „Sie richtete sich hochmütig auf", und wenn meine sich hochmütig aufrichten, sehe ich, wie meine Mutter an Robert Louis Stevenson denkt. Er kannte ihre Meinung über ihn und schrieb: „Meine Ohren kribbelten gestern; Ich bezweifle , dass sie mich schon wieder falsch genannt hat.' Aber je mehr sie ihn falsch nannte, desto mehr erfreute er sich an ihr, und sie wurde darüber informiert und sagte sofort: „Der Schurke!" Wenn Sie wüssten, was sein unverzeihliches Verbrechen war, dann wäre es dieses: Er hat bessere Bücher geschrieben als meine.

Ich erinnere mich an den Tag, als sie es herausfand, was jedoch nicht der Tag war, an dem sie es zugab. An diesem Tag, als ich bei meiner Arbeit hätte sein sollen, traf sie mich in der Küche, „Der Meister von Ballantrae " neben mir, aber ich las nicht: Mein Kopf lag schwer auf dem Tisch, und in ihren besorgten Augen war ich Zweifellos war ich das Bild des Leids. „Nicht schreiben!" Ich wiederholte: Nein, ich habe nicht geschrieben, ich sah keinen Sinn darin, jemals wieder zu versuchen, zu schreiben. Und vermutlich sank mein Kopf noch einmal. Sie verstand es falsch und dachte, der Schlag sei gefallen; Ich war zu der von ihr immer gefürchteten Entdeckung aufgewacht, dass ich mich trocken geschrieben hatte; Ich war nicht besser als eine leere Tintenflasche. Sie rang die Hände, empörte sich aber über meine Erklärung, dass wir anderen, während RLS dabei war, nur „Lehrlinge" waren, die sich an seinen Werkzeugen die Finger schnitten. „Ich könnte seine Bücher nie lesen", sagte meine Mutter sofort und zwar rachsüchtig.

„Du hast keines davon gelesen", erinnerte ich sie.

„Und das wird auch nie passieren", sagte sie voller Elan.

Und ich habe keinen Zweifel daran, dass sie ihn noch am selben Tag einen dunklen Charakter nannte. Auch wochen-, wenn nicht sogar monatelang hielt sie an ihrem Entschluss fest, ihn nicht zu lesen, obwohl ich, nachdem ich zur Besinnung gekommen war und gesehen hatte, dass es einen Platz für den „Lehrling" gibt, eine fast böswillige Freude daran hatte, „ „The Master of Ballantrae " auf ihre Art. Ich stellte es auf ihren Tisch, damit es ihr beim

Aufstehen „Guten Morgen" sagte. Sie runzelte die Stirn, trug es die Treppe hinunter, als hätte sie es in der Zange, und stellte es wieder ins Bücherregal. Ich würde es in die Hülle hüllen, die sie für den neuesten Carlyle gemacht hatte: Sie würde es verächtlich häuten und es wieder herunterziehen. Ich versteckte darin ihre Brille, legte sie auf den Wäschekorb und lehnte sie einladend offen an ihre Teekanne. Und schließlich habe ich sie bekommen, obwohl ich nicht mehr weiß, durch welche von vielen Erfindungen. Woran ich mich lebhaft erinnere, ist eine Schlüssellochbesichtigung, zu der mich ein anderes Familienmitglied eingeladen hat. Dann sah ich, wie meine Mutter in „The Master of Ballantrae " versunken war und die Musik vor sich hin murmelte, anerkennend mit dem Kopf nickte und einen verstohlenen Blick auf das Ende jeder Seite warf, bevor sie mit dem Anfang begann. Dennoch hatte sie ein Ohr für die Tür, denn als ich hereinsprang, war sie zu schlau für mich gewesen; Es war kein Buch zu sehen, nur eine Schürze auf ihrem Schoß und sie blickte aus dem Fenster. Es folgte ein Gespräch wie dieses :

„Du hast sehr ruhig gesessen, Mutter."

„Ich sitze immer still, ich mache nie etwas, ich bin nur ein fertiger Strumpf."

„Hast du gelesen?"

„Lese ich jemals um diese Tageszeit?"

„Was ist das auf deinem Schoß?"

„Nur meine Schürze."

„Ist das ein Buch unter der Schürze?"

„Es könnte ein Buch sein."

'Lassen Sie mich sehen.'

„Geh mit dir zur Arbeit."

Aber ich hob die Schürze hoch. „Na ja, es ist „Der Meister von Ballantrae !"", rief ich schockiert aus.

' So ist es!' sagte meine Mutter ebenso überrascht. Aber ich sah sie streng an und vielleicht errötete sie.

„ Nun, was meinst du: nicht annähernd gleichwertig mit meinem?" sagte ich mit Humor .

„Nichts Vergleichbares", sagte sie entschlossen.

„Nicht ein bisschen", sagte ich, obwohl es unerheblich ist, ob mit einem Lächeln oder einem Stöhnen; sie hätten dasselbe gemeint. Soll ich das Buch wieder ins Regal stellen? Ich fragte, und sie antwortete, dass ich es ihr egal machen könnte, wo immer ich wollte, solange ich es außer ihren Augen nahm (die Andeutung war, dass es sich auf ihren Schoß geschlichen hatte, während sie aus dem Fenster schaute). . Mein Verhalten mag unbedeutend erscheinen, aber ich gab ihr eine letzte Chance, denn ich sagte, dass einige Leute es für ein Buch hielten, das sie nicht aus der Hand legen konnten, bis sie die letzte Seite erreicht hatten.

„So einer bin ich nicht ", antwortete meine Mutter.

Dennoch wurde unser altes Spiel mit dem Besitz einer Sache, wie sie es nannte, weitergeführt, mit dem Unterschied, dass nun sie es war, die das Buch heimlich nach oben trug, und ich, die es zurück ins Regal stellte, und wir fingen uns mehrmals gegenseitig auf der andere auf frischer Tat, aber keiner von uns sagte ein Wort; wir wurden selbstbewusster. Vieles von dem Stück habe ich zweifellos vergessen, aber an einen Vorfall erinnere ich mich deutlich. Sie hatte sich neben mich gesetzt, während ich schrieb, und manchmal, wenn ich aufblickte, war ihr Blick nicht auf mich gerichtet, sondern auf das Regal, auf dem „Der Meister von Ballantrae " stand und sie einlud. Mr. Stevensons Bücher sind nicht für das Regal, sie sind für die Hand gedacht; Selbst wenn Sie sie hinlegen, lassen Sie sie für den nächsten Tisch auf dem Tisch liegen. Da sie die geselligsten Menschen unserer Zeit sind, fühlen sie sich dort oben in einer stattlichen Reihe sehr einsam. Ich glaube, ihr Blick ist auf dich gerichtet, sobald du den Raum betrittst, und so fühlt es sich angezogen, sie anzusehen, und du drehst die Lautstärke leiser, mit dem Impuls, den Hund loszuketten. Und das Ergebnis ist nicht unähnlich, denn im nächsten Moment seid ihr beide im Spiel. Gibt es einen anderen modernen Schriftsteller, der Sie auf diese Weise umgeht? Nun, er hatte meiner Mutter den Blick zugeworfen, der im Ballsaal bedeutet: „Bitte mich um diesen Walzer", und sie beschloss, es zu tun, hatte aber das Gefühl, dass ihre pflichtbewusstere Vorgehensweise darin bestand, den Tanz mit diesem weniger unterhaltsamen anderen auszusetzen Partner. Ich schrieb beharrlich weiter, konnte aber das Flüstern hören.

„Soll ich ein Mauerblümchen sein?" fragte James Durie vorwurfsvoll. (Es muss ein Schaltjahr gewesen sein.)

„Sprich leiser", antwortete meine Mutter mit einem unruhigen Blick auf mich.

„Puh!" sagte James verächtlich, „dieser Kail- Kleinkind !"
„Ich will ihn nicht falsch anrufen", sagte meine Mutter stirnrunzelnd.
„Ich bin fertig mit ihm", sagte James (und wischte seinen Stock mit seinem Batisttaschentuch ab), und sein Schwert klapperte köstlich (ich kann nicht glauben, dass das ein Zufall war), was meine Mutter zum Seufzen brachte. Wie der Mann, der er war, nutzte er seinen Vorteil mit einem Vergleich, der mich heftig unter Druck setzen ließ.

„Ein schöneres Geräusch", sagte er und klirrte erneut mit seinem Schwert, „als das Klack-Klack des Shuttles deines jungen Freundes."
'Whist!' rief meine Mutter, die mich tauchen sah.
„Dann gib mir deinen Arm", sagte James und senkte seine Stimme.
„Ich wage es nicht", antwortete meine Mutter. „Er ist so empfindlich dir gegenüber."
„Komm, komm", drängte er sie, „früher oder später wirst du es sicher tun, also warum nicht jetzt?"
„Warte, bis er seinen Spaziergang gemacht hat", sagte meine Mutter; „Und verzeih mir, ich bin zu alt, um mit dir zu tanzen."
'Wie alt bist du?' er erkundigte sich.

„Du bist geil und keck!" rief meine Mutter.

„Bist du siebzig?"

„Ab und zu", gab sie zu.

„Puh", sagte er, „ein bloßes Mädchen!"

Sie antwortete sofort: „Ich lasse mich nicht mit der Spreu einfangen "; aber sie lächelte und erhob sich, als hätte er seine Hand ausgestreckt und sie an der Fingerspitze gepackt.

Danach flüsterten sie so leise (was sie auch konnten, da sie nun viel näher beieinander waren), dass ich nur eine Bemerkung verstehen konnte. Es kam von James und scheint den Tenor ihres Flüsterns zu zeigen, denn seine Worte waren: „Ganz leicht, wenn du mich unter deinen Schal schlüpfst."

Das tat sie, und außerdem verließ sie schuldbewusst das Zimmer und murmelte etwas darüber, die Schubladen neu zu machen . Ich schätze, ich lächelte schwach vor mich hin, oder das Gewissen knabberte an meiner Mutter, denn in weniger als fünf Minuten war sie zurück, trug ihren Komplizen offen und stieß ihn mit geradezu Bösartigkeit an die Stelle, an der mein Stevenson einen Zahn verloren hatte (wie der Schriftsteller, dem er am ähnlichsten war, gesagt hätte). Und dann nahm sie wie eine gute Mutter eines der Bücher ihres Sohnes und las es zielstrebig. Es war ein rührender Vorfall für mich geworden, und ich erinnere mich, wie wir dort und dann einen Kompromiss einigten: Sie sollte das verlockende Ding lesen, nur um sich von seiner Minderwertigkeit zu überzeugen.

„Der Meister von Ballantrae " ist nicht der Beste. Stellen Sie sich den Ruhm vor, der meiner Mutter zuteil wurde, als sie aus vertrauenswürdiger Quelle wusste, dass mindestens drei Bessere im selben Regal auf Sie warten. Sie kannte Alan Breck noch nicht, und er wollte genauso gerne zurücktreten wie Mr. Bally selbst. John Silver war da, stieg in sein Bein, damit sie keinen Moment warten musste, und brüllte: „Das werde ich tun!" als sie mir tröstend sagte, dass sie die Piratengeschichten nicht verstehen könne. Wie ist es, diese Herren nicht zu kennen? Es ist, als wäre man nie verliebt gewesen. Aber sie sind im Haus! Das ist, als wüsste man, dass man sich morgen früh verlieben wird. Mit einem Wort, indem ich ein trauriges Gesicht zeichnete, hätte ich meine Mutter dazu bringen können, dem Marmeladenregal abzuschwören – nein, ich hätte es vielleicht schaffen können, indem ich einfach gesagt hätte, dass ihr „Der Meister von Ballantrae " gefallen hat. Denn Sie müssen bedenken, dass sie es nur gelesen hat, um sich (und mich) von seiner Unwürdigkeit zu überzeugen, und dass sie die anderen nur lesen wollte, um weitere Beweise zu erhalten. Sie machte mir das alles klar und musterte mich dabei ein wenig besorgt, und natürlich akzeptierte ich die Erklärung. Alan ist das größte Kind von allen, und ich bezweifle nicht, dass sie das dachte, aber seltsamerweise gehört ihre Einstellung zu ihm zu den Dingen, die ich vergessen habe. Aber wie sehr sie sich in die „Schatzinsel" verliebte und wie sehr sie versuchte, mir treu zu bleiben, während sie es las! Ich musste meine Hände auf ihre Augen legen, um sie wissen zu lassen, dass ich den Raum betreten hatte, und selbst dann versuchte sie vielleicht, zwischen meinen Fingern zu lesen, kam jedoch plötzlich zu sich selbst und sagte: „Das ist ein tolles Buch."

„Diese Piratengeschichten sind so uninteressant", antwortete ich ohne Angst, denn sie war zu vertieft, um mich zu durchschauen. „Glaubst du, dass du das hier zu Ende bringen wirst?"

„Ich kann genauso gut damit weitermachen, nachdem ich damit begonnen habe", sagt meine Mutter so verschmitzt, dass meine Schwester und ich einander den Kopf schütteln und damit andeuten wollen: „Gab es jemals so eine Frau?"

„In meinen Büchern gibt es keinen dieser einbeinigen Schurken", sage ich.

„Besser ohne", antwortet sie prompt.

„Ich frage mich, Mutter, was hat es mit diesem Mann auf sich, das die Öffentlichkeit so fasziniert?"

„Er hält mich nicht fest", beharrt sie. „Ich würde lieber deine Bücher lesen."

Ich biete ihr höflich an, eines davon zu bringen, und jetzt sieht sie mich misstrauisch an. „Du glaubst sicherlich, dass mir deins am besten gefällt", sagt sie sofort besorgt, und ich beruhige sie mit Zusicherungen und ziehe mich zurück, indem ich ihr rate, weiterzulesen, nur um zu sehen, ob sie herausfinden kann, wie er die Öffentlichkeit in die Irre führt. „Oh, vielleicht schaue ich es mir nach und nach noch einmal an", sagt sie gleichgültig, aber dennoch besteht die Wahrscheinlichkeit, dass sich das Buch beim Schließen der Tür wie durch eine mechanische Vorrichtung öffnet. Ich erinnere mich, wie sie „Die Schatzinsel" las und es dicht an die Rippen des Feuers hielt (weil sie keinen Moment Zeit hatte, aufzustehen und das Gas anzuzünden), und wie wir uns, als die Schlafenszeit kam und wir überredeten und Vorwürfe machten, geschimpft, sagte sie ziemlich heftig und klammerte sich an das Buch: „Ich werde heute Nacht meinen Kopf nicht auf ein Kissen legen, bis ich sehe, wie dieser Junge aus dem Fass herausgekommen ist."

Danach, glaube ich, war er für sie genauso bezaubernd wie der Junge im Fass. War er nicht immer selbst ein Junge im Fass, der hineinkletterte, um Äpfel zu holen, während wir alle wie Gamins herumstanden und auf einen Bissen warteten? Er war der Geist der Kindheit, der an den Rändern unserer alten Welt zerrte und sie dazu zwang, zurückzukommen und zu spielen. Und ich nehme an, dass meine Mutter das gespürt hat, wie so viele andere auch: Wie andere hatte sie zunächst ein wenig Angst davor, mit diesem souveränen Kind am Seil wieder hüpfen zu müssen, doch schon bald reichte sie ihm die Hand und machte sich mit ihm auf den Weg für die Wiese, keine Entschuldigung zwischen den beiden für den zurückgelassenen Autor. Aber gegen Ende gab sie (in Worten) zu, dass er eine Art mit ihm umgehen konnte, die über die Fähigkeiten ihres Sohnes hinausging. „Seide und Sackleinen, das sind wir", wurde ihr mitgeteilt, worauf sie hartnäckig antwortete: „Nun, dann bevorzuge ich Sackleinen."

„Aber wenn er dein Sohn gewesen wäre?"

„Aber das ist er nicht."

„Wünschst du, er wäre es?"

„Ich möchte nicht leugnen, aber ich hätte Platz für ihn finden können."

Und dennoch beschimpfte sie ihn manchmal mit dem Namen „Schwarz" (zu seiner Freude, als er den Grund erfuhr). Da traf ein dicker Brief mit rotem Siegel und blauem Kreuz aus Vailima ein und lud mich ein, dorthin zu reisen. (Seine Anweisungen waren: „Nehmen Sie das Boot in San Francisco, und dann ist mein Platz der zweite auf der linken Seite.") Sogar London schien mich so weit wegzutragen, dass ich oft eine Woche für die Reise brauchte (die erste). Es dauerte sechs Tage, bis sie sich an den Gedanken gewöhnt hatte, und diese Briefe machten ihr Angst. Es war nicht der Finger von Jim Hawkins, den sie jetzt sah, wie er mich über die Meere winkte, es war John Silver, der eine Krücke schwenkte. Ich glaube, ich habe selten einen dieser Vailima- Briefe direkt durchgelesen ; Als mir in der Mitte plötzlich wieder einfiel, wer oben war und was sie wahrscheinlich tat, und ich mit drei Schritten auf einmal auf sie zulief, fand ich sie mit geschürzten Lippen und gefalteten Händen vor, ein Bild der Düsterkeit.

„Ich habe einen Brief von –"

„ Das habe ich gehört."

„Möchten Sie es hören?“

'NEIN.'

„Kannst du ihn nicht ertragen?“

„Ich kann es ihm nicht übel nehmen.“

„Ist er ein Schwarzer?“

„Das ist er alles.“

Nun, Vailima war der einzige Ort auf der Welt, den ich unbedingt besuchen wollte, aber ich glaube, sie wusste immer, dass ich sie niemals verlassen würde. Irgendwann, sagte sie, würde sie mich gern gehen lassen, aber erst, wenn sie weg wäre. „Und wie klein ich im letzten Winter geworden bin.“ Schau dir meine Handgelenke an. Es kann jetzt nicht mehr lange dauern.' Nein, ich dachte nie daran zu gehen, war nie ohne Widerwillen einen Tag von ihr weg und ging nie so schnell wie auf dem Rückweg. In der Zwischenzeit geschah das, was meinen Reiseplan für immer zunichte machte. Ich werde jetzt, in einer „wundervoll klaren Nacht voller Sterne“, niemals die Straße der liebenden Herzen hinaufgehen, um dem Mann zu begegnen, der auf einem Pferd auf mich zukommt. Es ist immer noch eine wundervolle, klare Sternennacht, aber die Straße ist leer. Deshalb habe ich den lieben König von uns allen nie gesehen. Aber bevor er Bücher geschrieben hatte, war er mit einem Angelstab in der Hand in meinem Teil des Landes, und ich denke gerne, dass ich der Junge war, der ihn an diesem Tag am Queen Margaret's Burn traf, wo die Ebereschen sind, und als Straßenmusikant auftrat eine Fliege für ihn, und stand da und beobachtete, wie seine geschmeidige Gestalt sich hob und senkte, während er aus dem kristallklaren Wasser der Noran -Seite zurückwarf und andeutete.

KAPITEL VIII
Eine Panik im Haus

Ich saß an meinem Schreibtisch in London, als ein Telegramm eintraf, in dem mitgeteilt wurde, dass meine Mutter erneut gefährlich krank sei. Ich schnappte mir meinen Hut und eilte zum Bahnhof. Es ist nicht nur eine Erinnerung an eine Nacht. Ich bin mir sicher, dass ich zwanzig Mal so plötzlich nach Norden gerufen wurde und zitternd unsere kleine Stadt erreichte, während ich zum Fenster des Eisenbahnwaggons hinausging, um einen Blick auf ein bekanntes Gesicht zu werfen, das meine Frage beantworten würde. Diese Krankheiten traten genauso regelmäßig auf wie am Ende des Jahres, waren aber weniger regelmäßig, und ich sehe, wie sich meine Schwester bei Tag und Nacht so unermüdlich, so liebevoll, wenn auch mit nachlassender Kraft, bewegt, dass ich mich verneige Kopf in Ehrfurcht vor ihr. Sie war fertig. Der Arzt riet uns, eine Krankenschwester zu engagieren, aber das bloße Wort erschreckte meine Mutter und wir stellten uns zwischen sie und die Tür, als ob die Frau bereits auf der Treppe wäre. Eine fremde Frau im Zimmer meiner Mutter zu haben – wer daran gewöhnt ist, kann sich nicht vorstellen, was das für uns bedeutete.

Dann brauchen wir einen Diener. Das kam mir nur weniger schrecklich vor. Mein Vater krempelte die Ärmel hoch und umklammerte den Besen. Ich warf meine Papiere beiseite und war bereit, die Besorgungen zu erledigen. Er öffnete die Tür, ich ließ das Feuer brennen, er gab mir eine Kochstunde, ich zeigte ihm, wie man Betten macht, einer von uns trug eine Schürze. Es dauerte nicht lange. Ich wurde zu meinem Schreibtisch geführt , die Zeitung wurde meinem Vater in die Hand gegeben. „Aber ein Diener!" wir weinten und wären wieder verfallen. „Keine Dienerin kommt in dieses Haus", sagte meine Schwester ziemlich heftig, und, oh, aber meine Mutter war erleichtert, sie zu hören! Es gab viele solcher Szenen, ich schätze, ein Jahr lang, bevor wir nachgaben.

Ich kann nicht sagen, wer von uns es am meisten gespürt hat. In London war ich an Dienstboten gewöhnt und klingelte in Momenten der Verärgerung wütend nach ihnen, obwohl sich mein Verhalten zweifellos änderte, als sie die Tür öffneten. Ich habe mich sogar mit Herren in Plüsch behauptet und einem meinen Hut, einem anderen meinen Stock und einem dritten meinen Mantel gegeben, und das alles mit kaum mehr Mühe, als ich hätte aufwenden sollen, die drei Artikel selbst auf den Stuhl zu legen. Aber diese kühne Tat und andere große Dinge dieser Art tat ich, um sie später meiner Mutter zu erzählen, während ich am Fußende ihres Bettes saß und ihr Gesicht vor Erstaunen und Freude strahlte.

Von klein auf hatte ich Bedienstete gesehen. Das Herrenhaus hatte einen Diener, die Bank hatte einen anderen; Einer ihrer Zwecke bestand darin, sich auf bestimmte ungezogene Jungen, die mit mir spielten, zu stürzen und sie in stattlicher Weise mitzunehmen. Der Bankier kam mir nicht wirklich toll vor, aber sein Diener – oh ja. Ihre Stiefel quietschten den ganzen Kirchengang entlang; Es wurde allgemein berichtet, dass sie jeden Tag Fleisch zum Abendessen aß; Anstatt ihren Geliebten an der Pumpe zu treffen, begleitete sie ihn aufs Land, und er kam mit wilden Rosen im Knopfloch zurück, die Hand erhoben, um sie zu verstecken, und auf seinem Gesicht den besorgten Ausdruck derer, die wissen, dass sie, wenn sie diese Dame nehmen, sie Ich muss für immer auf das Trinken aus der Untertasse verzichten. Denn die Liebenden waren wirklich gewöhnliche Männer, bis sie ihnen den Blick über die Schulter zuwarf, der, wie ich bemerkt habe, die verhängnisvolle Gabe von Dienern ist.

Der Legende nach hatten wir einmal eine Dienerin – in meiner Kindheit konnte ich ihr Zeichen auf meiner Stirn zeigen und sie sogar anderen Jungen zeigen, obwohl sie jetzt nur noch eine Ehefrau mit einem eigenen Haus war. Aber selbst während ich prahlte, zweifelte ich. Auf Lebensgröße reduziert, war sie vielleicht nur eine Frau, die kam, um zu helfen. Ich werde nichts mehr über sie sagen, damit nicht jemand vorkommt und beweist, dass sie nachts nach Hause gegangen ist.

Niemals werde ich meinen ersten Diener vergessen. Ich war acht oder neun Jahre alt, trug Samtsocken mit Rautenmuster („Schlag deine Beine übereinander, wenn sie dich ansehen", hatte meine Mutter gesagt, „und stecke deinen Daumen in die Tasche und lass die Oberseite deines Taschentuchs sichtbar"), und das hatte ich reiste mit der Bahn, um einen Verwandten zu besuchen. Er hatte eine Dienerin, und da ich sein Gast sein sollte, musste sie vorerst auch meine Dienerin sein – Sie können sicher sein, dass ich meine Mutter dazu gebracht hatte, mir dies klar vor Augen zu führen, bevor ich aufbrach. Mein Verwandter holte mich am Bahnhof ab, aber ich hoffte, dass es ihm gut ging. Ich schlug nicht einmal die Beine für ihn übereinander, so gespannt war ich darauf zu hören, ob sie noch da war. Eine Schwester begrüßte mich an der Tür, aber es ärgerte mich, geküsst werden zu müssen; Sofort ging ich in die Küche, wo sie, wie ich wusste, wohnten, und da war sie, und ich schlug die Beine übereinander und steckte einen Daumen in die Tasche, und das Taschentuch war zu sehen. Danach habe ich Fremde auf der Autobahn mit dem Angebot angehalten, sie ihnen durch das Küchenfenster zu zeigen, und ich bezweifle, dass der erste Brief, den ich jemals geschrieben habe, meiner Mutter nicht gesagt hat, wie sie sind, wenn sie so nah sind, dass man die Finger hineinstecken kann .

Aber jetzt, wo wir selbst Diener haben könnten , schreckte ich vor dem Gedanken zurück. Es wäre nicht dasselbe Haus; wir müssten uns verstellen;

Ich sah mich den ganzen Tag über Englisch sprechen. Die Hülle eines Schotten kennt man erst, wenn man seinen Heimatkreis betreten hat; in seinem Büro, in Clubs, bei gesellschaftlichen Zusammenkünften, wo Sie und er sich scheinbar so gut verstehen, dass er in Wirklichkeit ein Haus ist, in dem alle Fensterläden geschlossen und die Tür verschlossen ist. Er ist sich seiner Absichten nicht bewusst, oft geschieht es gegen seinen Willen – auf jeden Fall gegen meinen. Ich versuche, meine Fensterläden offen zu halten und meinen Fuß in der Tür zu halten, aber sie werden zuschlagen. In vielerlei Hinsicht war meine Mutter genauso zurückhaltend wie ich, obwohl ihre Manieren genauso gnädig waren wie meine rau (leider war all die ehrliche Pflege umsonst), und meine Schwester war die zurückhaltendste von uns allen; Manchmal konnte man durch einen meiner Schlitze ein Licht sehen: Sie hatte einen doppelten Fensterladen. Nun scheint es ein Naturgesetz zu sein, dass wir irgendwann unser wahres Selbst zeigen müssen, und wie der Schotte es zu Hause tun und einen Tag in eine Stunde quetschen muss, ist die Folge, dass er sich dort offenbart Auf höchstem Niveau fließen die so lange unterdrückten Gefühle über, und so kennt eine schottische Familie einander wahrscheinlich besser und kennt das Leben außerhalb ihres Kreises weniger als jede andere Familie auf der Welt. Und da Wissen Sympathie ist, ist die zwischen ihnen bestehende Zuneigung in ihrer Intensität fast schmerzhaft; Sie haben nicht mehr zu geben als ihre Nachbarn , sondern es wird einigen wenigen gegeben, anstatt es an viele zu verteilen; Sie gelten als geizig, aber für die familiäre Zuneigung zahlen sie zumindest in Gold. Darin werden wir meiner Meinung nach die wahre Erklärung finden, warum sich die schottische Literatur schon lange vor den Tagen von Burns so oft vom häuslichen Herd inspirieren ließ und ihn mit leidenschaftlichem Verständnis behandelte.

Muss eine Frau in unser Haus kommen und entdecken, dass ich kein so trostloser Hund war, wie ich in dem Ruf stand? War ich endlich mit gelüftetem Schleier der Trauer zu sehen? Meine Firmenstimme ist so leise und unscheinbar, dass meine erste Bemerkung nur ein Hinweis darauf ist, dass ich gleich sprechen werde (wie das Surren der Uhr, bevor sie schlägt): Muss sich offenbaren, dass ich eine andere Stimme hatte, dass es eine Tür gab, die ich hatte? nie geöffnet, ohne mein Reserverad auf der Matte liegen zu lassen? Ah, dieser Raum, müssen seine Geheimnisse gelüftet werden? Sie freuten sich so sehr, als es meiner Mutter gut ging, kein Wunder, dass wir fröhlich waren. Immer wieder wurde sie uns zurückgegeben; Für den herrlichen heutigen Tag dankten wir Gott. In unseren Herzen wussten wir und in unseren Gebeten bekannten wir, dass uns die Fülle der Freude geschenkt worden war, was auch immer passieren mochte. Wir mussten nicht warten, bis alles vorüber war, um seinen Wert zu erkennen; Meine Mutter pflegte zu sagen: „Wir begreifen erst, wie wenig wir auf dieser Welt brauchen, wenn wir wissen, dass sie verloren geht", und es gibt nur wenige zutreffendere Sprüche, aber in ihren letzten Jahren freuten wir uns täglich darüber, sie zu besitzen wir können in ihrer Erinnerung frohlocken. Kein Wunder, sage ich, dass wir fröhlich waren, aber wir zeigten es gern Gott allein und Ihm nur unsere Qual während dieser vielen Nachtalarme, wenn im Haus Lichter flackerten und weiße Gesichter um das Bett meiner Mutter herum waren. Nicht für andere Augen die langen Wachen, in denen wir nachts saßen und zusahen, noch die schrecklichen Nächte, in denen wir mit zusammengebissenen Zähnen zusammenstanden und warteten – jetzt muss es sein. Und das war damals nicht der Fall; ihre Hand wurde kühler, ihr Atem leichter ; Sie lächelte uns zu. Wieder einmal konnte ich in Bruchstücken arbeiten und war froh, aber was war das Ergebnis für mich im Vergleich zu der Freude, diese Stimme aus dem anderen Raum zu hören? Dort lag all die Arbeit, auf die ich jemals stolz war, der Rest ist ehrliche Handwerkskunst, die ihr Kohle, Essen und weichere Kissen beschert. Meine tausend Briefe, die sie so sorgfältig aufbewahrte, wobei der letzte immer unter dem Laken schlief, wo einer gefunden wurde, als sie starb – das sind die einzigen Schriften von mir, mit denen ich mich jemals rühmen werde. Ich hätte nicht geglaubt, dass es eins weniger gewesen wäre, obwohl ich ein unsterbliches Buch dafür hätte schreiben können.

Wie sehr sich meine Schwester abmühte – um zu verhindern, dass ein Fremder ins Haus gelangte! Und wie meine Mutter mit dem gleichen Ziel erneut danach strebte, „für sich selbst zu sorgen". Sie gab vor, dass es ihr jetzt immer gut ginge, und verbarg ihre Beschwerden so geschickt, dass wir danach forschen mussten : –

„Ich glaube, es geht dir heute nicht gut?"

„Mir geht es vollkommen gut."

'Wo ist der Schmerz?'

„Ich habe keine nennenswerten Schmerzen."

„Liegt es dir am Herzen?"

'NEIN.'

„Tut dir deine Atmung weh?"

'Nicht das.'

„Spüren Sie schon wieder dieses Stechen in Ihrem Kopf?"

„Nein, nein, ich sage dir, mit mir ist nichts los."

„Haben Sie Schmerzen in der Seite?"

„Wirklich, es ist äußerst provozierend, dass ich meine Hand nicht an meine Seite legen kann, ohne dass du denkst, dass ich dort Schmerzen habe."

„Du hast Schmerzen in deiner Seite!“

„Vielleicht habe ich Schmerzen in der Seite.“

„Und du hast versucht, es zu verbergen! Ist es sehr schmerzhaft?'

„Es ist – es ist nicht so schlimm, aber ich kann es ertragen.“

Wer von diesen beiden zuerst nachgab, kann ich nicht sagen, obwohl es mir oblag, sie zu überreden, denn wer auch immer sie war, sie rebellierte, sobald die andere Anzeichen von Nachgeben zeigte, so dass ich manchmal in der Woche zwei Konvertiten hatte, aber nie beide am selben Tag. Ich nahm sie einzeln und drängte den einen, zugunsten des anderen nachzugeben, aber sie durchschauten meine Kunstfertigkeit so leicht. Meine Mutter könnte mutig zu meiner Schwester gehen und sagen: „Ich habe darüber nachgedacht, und ich glaube, ich hätte gerne eine Dienerin – wenn wir uns erst einmal an sie gewöhnt haben.“

„Hat er dir gesagt, dass du das sagen sollst?“ fragt meine Schwester scharf.

„Ich sage es aus freien Stücken.“

„Er hat Sie bestimmt dazu angestiftet, und er hat Ihnen gesagt, Sie sollen sich nicht anmerken lassen, dass Sie es getan haben, um mir die Arbeit zu erleichtern.“

„Vielleicht hat er es getan, aber ich denke, wir sollten uns eins besorgen.“

„Nicht meinetwegen“, sagt meine Schwester hartnäckig, und dann kommt meine Mutter zu mir und sagt entzückt: „Sie wird doch nicht auf die Vernunft hören!“

Doch endlich wurde ein Diener eingestellt; Man könnte sagen, wir standen jetzt am Fenster und warteten düster auf sie, und mit Worten wie diesen versuchten wir uns gegenseitig und uns selbst zu trösten:

„Sie wird früh zu Bett gehen.“

„Sie muss oben nicht oft gesehen werden.“

„Wir werden sie jeden Tag laufen lassen.“

„Sie wird viele Besorgungen erledigen müssen.“ Wir werden ihr sagen, sie soll sich Zeit lassen.“

„Jeden Sabbat soll sie dreimal in die Kirche gehen, und wir werden sie dazu animieren, den Vorlesungen im Saal beizuwohnen.“

„Sie hat bestimmt Freunde in der Stadt.“ Wir werden sie oft besuchen lassen.'

„Wenn sie es wagt, in dein Zimmer zu kommen, Mutter!“

„Denkt daran, jeder von euch, ob Diener oder nicht, ich falte die ganze Wäsche selbst . “

„Sie darf nicht das Ostzimmer aufräumen.“

„Und auch nicht, meine Kommode in Ordnung zu bringen.“

„Noch das Aufräumen meiner Manuskripte.“

„Ich hoffe jedoch, dass sie eine Leserin ist.“ „Du könntest sie mit einem Buch absetzen und dann die Tür hinter ihr schließen.“

Und so weiter. Wurde jemals ein Diener so ängstlich erwartet? Und dann kam sie – auch in einer schwierigen Zeit, in der ihr Wert sofort unter Beweis gestellt werden konnte – und war von Anfang bis Ende ein Schatz. Ich weiß nicht, was wir ohne sie hätten tun sollen.

KAPITEL IX
MEINE HELDIN.

Als bekannt wurde, dass ich eine andere Geschichte begonnen hatte, fragte meine Mutter vielleicht, worum es dieses Mal gehen sollte.

„Gut, wir können erraten, um wen es geht", sagte meine Schwester spitz.

„Vielleicht kannst du es erraten, aber das ist mir ein Rätsel", sagt meine Mutter mit der Sanftmut einer Person, die weiß, dass sie eine langweilige Person ist.

Meine Schwester verachtete sie in solchen Momenten. „Welche Frau kommt in all seinen Büchern vor?" sie würde verlangen.

„Das kann ich sicher nicht sagen", antwortet meine Mutter bestimmt. „Ich dachte, die Frauen wären jedes Mal anders."

„Mutter, ich wundere mich, dass du so kühn sein kannst!" Gut, du weißt, welche Frau ich meine.'

'Wie kann ich es wissen? Welche Frau ist das? „Sie sollten bedenken, dass ich Ihre Klugheit voraussetze " (sie gaben sich ständig kleine Schläge).

„Ich werde dir nicht die Genugtuung geben, ihren Namen zu sagen." Aber eines muss ich sagen: Es ist höchste Zeit, dass er sie aus seinen Büchern heraushält."

Und dann verriet sich meine Mutter wie immer unbewusst. „Das sage ich ihm " , sagt sie lachend, „und er versucht, mich draußen zu halten, aber es gelingt ihm nicht; es ist mehr, als er tun kann!'

Eines Abends, nachdem meine Mutter zu Bett gegangen war, wurde das erste Kapitel nach oben gebracht, und ich las es, während ich am Fußende des Bettes saß, während meine Schwester zusah, wie meine Mutter sich benahm, und mein Vater „H'sh!" schrie . wenn es Unterbrechungen gab. Am Anfang würde alles gut gehen, die Überlegungen wurden mit einem kleinen Kopfnicken angenommen, die Beschreibungen der Landschaft als Spurrillen auf der Straße, die im Schritttempo überwunden werden mussten (meine Mutter mochte Landschaften nicht, und das ist so warum es in meinen Büchern so wenig davon gibt). Aber jetzt lese ich zu schnell, ein wenig ängstlich, weil ich weiß, dass der nächste Absatz beginnt mit – sagen wir mal: „Auf diesem Weg kam eine Frau": Ich hatte vorgehabt, hier mit lauter, einschüchternder Stimme weiterzustürmen, aber „Auf diesem Weg kam eine Frau", lese ich und halte inne. Habe ich ein leises Geräusch vom anderen Ende des Bettes gehört? Vielleicht habe ich es nicht getan; Ich habe vielleicht nur darauf gelauscht, aber ich zögere und schaue auf. Meine Schwester und ich schauen meine Mutter streng an. Sie beißt sich auf die Unterlippe und umklammert das Bett mit beiden Händen, eigentlich tut sie ihr Bestes für mich, aber zuerst ertönt ein unterdrücktes Gurgeln, dann lockert sich ihr Griff und sie zittert vor Freude.

„Das ist eine Art, sich zu benehmen!" weint meine Schwester.

„Ich kann nicht anders", keucht meine Mutter.

„Und es gibt nichts zu lachen."

„Es ist diese Frau", erklärt meine Mutter unnötigerweise.

„Vielleicht ist sie nicht die Frau, für die du sie hältst", sage ich niedergeschlagen.

„Vielleicht nicht", sagt meine Mutter zweifelnd. 'Wie war Ihr Name?'

„Ihr Name", antworte ich triumphierend, „war nicht Margaret"; aber das lässt sie wieder kräuseln. „Ich habe heutzutage so viele Namen", murmelt sie.

' H'sh !' sagt mein Vater und die Lesung wird fortgesetzt.

Vielleicht war die Frau, die den Weg entlangkam, eine große und majestätische Figur, was meiner Mutter hätte zeigen sollen, dass ich es diesmal geschafft hatte, meinen Zug ohne sie anzutreten. Aber das war nicht der Fall.

„Worüber lachst du jetzt?" sagt meine Schwester ernst. „Hast du nicht gehört, dass sie eine große, majestätische Frau war?"

„Das ist das erste Mal, dass ich das von ihr gehört habe", antwortet meine Mutter.

'Aber sie ist.'

' Ke Pfui , Havers!'

„Das Buch sagt es."

„Das Buch wird viele seltsame Dinge enthalten." Was hat sie getragen?'

Ich habe ihre Kleidung nicht beschrieben. „Das ist ein Fehler", sagt meine Mutter. „Wenn ich in einem Buch auf eine Frau treffe, möchte ich als Erstes über sie wissen, ob sie gut aussah, und als Zweites, wie sie gekleidet war."

Die Frau auf dem Weg war achtzehn Jahre alt und von bemerkenswerter Schönheit.

„Das beruhigt dich", sagt meine Schwester.

„Mit achtzehn war ich keine Schönheit", gibt meine Mutter zu, doch hier mischt sich mein Vater unerwartet ein. „ Mit achtzehn gab es auf diesem Land niemanden wie dich", sagt er energisch.

„Puh!" sagt sie, sehr erfreut.

„Warst du denn unauffällig?" wir fragen.

„Sal", antwortet sie forsch, „ich war alles andere als unauffällig."

' H'sh !'

Vielleicht erscheint diese Dame (oder eine andere) im nächsten Kapitel in einer Kutsche.

„Ich versichere dir, wir steigen in die Welt auf", höre ich meine Mutter murmeln, aber ich beeile mich weiter, ohne aufzuschauen. Die Dame wohnt in einem Haus, in dem es Lakaien gibt – aber die Lakaien sind zu eilig vor Ort. „Das ist mehr, als ich ertragen kann", keucht meine Mutter, und gerade als sie einen Lachanfall überwindet, schreit sie: „Lakai, gib mir einen Schluck Wasser", und das bringt sie wieder in Aufruhr. Oft mussten die Lesungen abrupt enden, weil ihre Heiterkeit heftige Hustenanfälle auslöste.

Manchmal las ich meiner Schwester allein vor, und sie versicherte mir, dass sie meine Mutter dieses Mal nicht unter den Frauen sehen könne. Das sagte sie, um mich zu belustigen . Dann schlüpfte sie nach oben und verkündete triumphierend: „Du bist wieder da!"

Oder in den frühen Morgenstunden würde ich meinen Vater zum Vertrauten machen, und wenn ich mit der Lektüre fertig war , sagte er nachdenklich: „Dieses Mädchen ist sehr natürlich." Einige der Dinge, von denen Sie sagen, dass sie sie hatte – Ihre Mutter hatte sie genauso. Ist dir jemals aufgefallen, was für eine außergewöhnliche Frau deine Mutter ist?'

Dann würde ich meine Mutter um Trost bitten. Sie war umso eher dazu bereit, weil sie zutiefst davon überzeugt war, dass die Affäre zu einem öffentlichen Skandal werden würde, wenn ich herausgefunden würde – das heißt, wenn die Leser herausfinden würden, wie oft und in wie vielen Erscheinungsformen sie in meinen Büchern auftrat.

„Du siehst, dass Jess nicht wirklich du bist", beginne ich fragend.

„Oh nein, sie ist eine ganz andere Art von Frau", sagt meine Mutter und verdirbt das Kompliment dann, indem sie naiv hinzufügt : „Sie hatte nur zwei Zimmer und ich habe sechs."

Ich seufze. „Ohne die Speisekammer mitzuzählen, und es ist eine große Speisekammer", murmelt sie.

Das war nicht die Art von Unterschied, auf die ich mich besonders stolz machen konnte, und die Ehrlichkeit würde mich zwingen zu sagen: „Soweit das geht, gab es eine Zeit, da hatte man selbst nur zwei Zimmer …"

„Das ist schon lange her", bricht sie ein. „Ich habe mit einem Treppenaufgang begonnen, aber ich hatte immer daran gedacht – ich habe es nie erwähnt, aber da war es –, auch den Treppenabstieg zu machen." . Ja, und ich habe es schon so viele Jahre gehabt.'

„Trotzdem lässt sich nicht leugnen, dass Jess den gleichen Ehrgeiz hatte."

„Das hatte sie, aber sie musste ihr ganzes Leben lang in ihrem Zweizimmerhaus bleiben." War das wie ich?'

„Nein, aber sie wollte –"

„Sie wollte und ich wollte, aber ich bekam und sie tat es nicht ." Das ist der Unterschied zwischen ihr und mir.'

„Wenn das der Unterschied ist, kann ich kaum für mich in Anspruch nehmen, sie erschaffen zu haben."

Meine Mutter sieht, dass ich Beruhigung brauche. „Das ist bei weitem nicht der einzige Unterschied", sagte sie eifrig. „Da ist zum Beispiel meine Seide." Obwohl ich es selbst sage , gibt es im Tal von Strathmore keine bessere Seide. Hatte Jess irgendeine Seide – ganz zu schweigen von einer solchen Seide?'

„Nun, sie hatte keine Seide, aber du erinnerst dich, wie sie diesen Umhang mit Perlen bekam."

„Eine elf und ein bisschen! Hurra, womit konnte man sich rühmen! Ich sage Ihnen, jeder einzelne Meter meiner Seide kostete …"

„Mutter, genau so hat Jess über ihren Umhang gesprochen!"

Sie lässt dies durchgehen, vielleicht ohne es zu hören, denn die Sorge um ihre Seide hat sie zum Kleiderschrank getrieben, wo sie hängt.

„Ah, Mutter, ich fürchte, das sah Jess sehr ähnlich!"

„Wie konnte es wie sie sein, wenn sie nicht einmal einen Kleiderschrank hatte?" Ich sag dir was, wenn es eine echte Jess gegeben hätte und sie mir gegenüber mit ihrem Umhang mit Perlen geprahlt hätte, hätte ich mit nachlässiger Stimme zu ihr gesagt: „Geh mit mir hinüber, Jess, und ich lasse dich." Sehen Sie etwas, das in meinem Kleiderschrank hängt." Das hätte ihren Stolz gemindert!'

„Ich glaube nicht, dass du das getan hättest, Mutter."

Dann würde ein süßerer Ausdruck auf ihrem Gesicht erscheinen. „Nein", sagte sie nachdenklich, „das ist es nicht."

'Was hättest du getan? Ich glaube ich weiß es.'

„Das kannst du nicht wissen. Aber ich glaube, ich hätte mich daran erinnert, dass sie eine arme Frau war und kränklich und schrecklich windig um ihren Umhang, und ich hätte einfach gesagt, dass es eine Schönheit sei und dass ich wünschte, ich hätte so etwas."

„Ja, ich bin sicher, das hätten Sie getan. Aber ach, Mutter, genau so hätte sich Jess verhalten, wenn ihr eine ärmere Frau als sie einen neuen Schal gezeigt hätte.'

„Vielleicht, aber obwohl ich nicht mit meiner Seide geprahlt hätte , hätte ich es doch tun wollen."

„Genauso wie Jess versucht hätte, mit ihren elf Jahren anzugeben!"

Es scheint ratsam, zu einem anderen Buch zu springen; nicht zu meinem ersten, weil – nun ja, da es mein erster war, da natürlich etwas von meiner Mutter drin sein würde, und nicht zu meinem zweiten, da es mein erster Roman war und nicht einmal in unserer Familie großes Ansehen genoss. (Aber die kleinen Berührungen meiner Mutter darin sind nicht so schlimm.) Versuchen wir es mit der Geschichte über den Pfarrer.

Die erste Bemerkung meiner Mutter ist entschieden dämpfend. „In meinen jungen Jahren spielte ich oft im Auld-Licht-Herrenhaus herum, aber ich dachte nicht, dass ich jemals die Herrin davon werden würde!"

„Aber Margaret bist nicht du."

„N-nein, oh nein. Sie hatte ein ganz anderes Leben als ich. Ich verrate niemandem, dass sie ich bin!'

„Als ich anfing, war sie nicht dazu bestimmt, du zu sein." Mutter, was für eine Art, dich einzuschleichen!'

„Du solltest besser auf dich aufpassen."

„Vielleicht, wenn ich Margaret bei einem anderen Namen genannt hätte …"

„Ich hätte sie trotzdem durchschauen sollen. Als ich hörte, dass sie die Mutter war, fing ich an zu lachen. In mancher Hinsicht ist sie mir jedoch nicht so ähnlich. Es dauerte lange, bis sie etwas über Babbie herausfand. Ich bin „Uphaud, ich hätte schneller sein sollen."

„Sehen Sie, Babbie hielt sich dicht an der Gartenmauer."
„Es ist nicht die Mauer oben im Pfarrhaus, die sie vor mir verborgen hätte."
„Sie kam im Dunkeln heraus."
„Ich glaube, sie hätte mich auf der Suche nach ihr mit einer Kerze erwischt."
„Und Gavin war geheimnisvoll."
„Das hätte mich auf die Probe gestellt."

„Sie hat nie etwas geahnt.“

„Ich wundere mich über sie.“

Aber meine neue Heldin soll ein Kind sein. Was hat meine Dame dazu zu sagen?

Ein Kind! Ja, auch dazu hat sie etwas zu sagen. „ Das übertrifft alles!“ sind die Worte.

„Komm, komm, Mutter, ich verstehe, was du denkst, aber ich versichere dir, dass dieses Mal –“

„Natürlich nicht“, sagt sie beruhigend, „oh nein, sie kann nicht ich sein“; Aber bald werden ihre wahren Gedanken durch die schlichte Bemerkung offenbart: „Ich bezweifle allerdings, dass das ein harter Job ist, den Sie vor sich haben – es ist schon so lange her, seit ich ein Kind war .“

Wir sind uns in diesen Gesprächen sehr nahe gekommen. „Es ist seltsam“, sagte sie leise, „dass fast alles, was Sie schreiben, sich um diesen kleinen Ort dreht.“ Damit haben Sie zu Beginn kaum gerechnet. Ich erinnere mich gut an die Zeit, als Ihnen, genauso wenig wie mir, nie in den Sinn gekommen ist, dass Sie eine Seite über unsere Plätze und Wynds schreiben könnten . Ich frage mich, wie es dazu gekommen ist?'

Es gab eine Zeit, in der ich diese Frage nicht hätte beantworten können, aber diese Zeit war längst vergangen. „Ich nehme an, Mutter, das lag daran, dass du dich in deiner eigenen Stadt am wohlsten fühlst und es mir nie große Freude bereitet hat, über Menschen zu schreiben, die dich nicht kennen konnten, noch über Plätze und Gassen , durch die du nie gegangen bist, noch über die eine Landschaft, in der du das Abendessen deines Vaters nie in einem Krug getragen hast. In all meinen Büchern gibt es kaum ein Haus, in dem es mir nicht so vorkam, als hätte ich Sie tausendmal gesehen, wie Sie sich über den Kamin beugten oder die Uhr aufzogen.'

„Und doch warst du immer in einer solchen Zwickmühle, weil du niemanden kanntest, aus dem du deine Frauen machen könntest! Stört dich das und wie wir beide über die Vorstellung gelacht haben, dass du sie aus mir machen musst?'

'Ich erinnere mich.'

„Und jetzt bist du in die Zeit meines Vaters zurückgekehrt. „Es ist mehr als sechzig Jahre her, seit ich sein Abendessen in einer Kanne durch die langen Parks von Kinnordy getragen habe .“

„Ich gehe oft in die langen Parks, Mutter, und sitze auf dem Zauntritt am Waldrand, bis ich das Gefühl habe, ein kleines Mädchen mit einer Kanne in der Hand auf mich zukommen zu sehen.“

„Ich bin über den Brand gesprungen (einst war ich so stolz auf meine Sprünge!) und habe die Flasche so schnell herumgeschwenkt, dass das, was drin war, keine Zeit hatte , herauszufallen." Früher trug ich ein magentafarbenes Kleid und eine weiße Schürze. Habe ich dir das jemals gesagt?'

„Mutter, das kleine Mädchen in meiner Geschichte trägt ein magentafarbenes Kleid und eine weiße Schürze."

„Das hat dir etwas ausgemacht! Aber ich glaube, es war kein Mädchen in einer Schürze, das man in den langen Parks von Kinnordy gesehen hat , es war nur eine verdammt alte Frau.

„Es war ein Mädchen in einer Schürze, Mutter, als sie weit weg war, aber als sie näher kam, war es eine verdammt alte Frau."

„Und ein verdammt hässlicher!"

„Das Schönste, das ich je sehen werde."

„Ich wundere mich, das von dir zu hören." Schau dir mein faltiges altes Gesicht an.'

„Es ist das süßeste Gesicht der Welt."

„Sehen Sie, wie die Ringe von meinem armen, abgenutzten Finger fallen."

„Es wird immer jemand in der Nähe sein, Mutter, der sie wieder anzieht."

„Ja, das wird es! Nun, ich weiß es. Stört es dich, dass du als Kind immer gesagt hast: „Warte, bis ich ein Mann bin, und du wirst nie wieder einen Grund haben, dich zu begrüßen?"

Ich erinnerte mich.

„Früher kam man ins Haus gerannt und sagte: „Da läuft eine stolze Dame den Marywellbrae hinunter in einem Umhang, der auf der einen Seite schwarz und auf der anderen weiß ist; Warte, bis ich ein Mann bin, und du wirst genauso einen haben." Und als ich auf verdammt harten Betten lag, hast du gesagt: „Wenn ich ein Mann bin, wirst du auf Federn liegen." Du hast nichts Hübsches gesehen, du hast nie davon gehört, dass ich mein Herz auf irgendetwas gesetzt hätte, aber du hast deinen Kopf hochgeworfen und gerufen: „Warte, bis ich ein Mann bin." Du hast mich vor den Nachbarn ziemlich beschämt , und trotzdem war ich auch windig. Und jetzt ist alles wahr geworden wie ein Traum. Ich kann mich nicht an eine Kleinigkeit erinnern, mit der ich mich in meinen lustvollen Tagen zufrieden gegeben habe und die mir in meinem hohen Alter nicht in die Hände gelegt wurde; Ich sitze hier nutzlos, umgeben von der Befriedigung all meiner Wünsche und all meiner Ambitionen, und manchmal habe ich fast Angst, denn es ist, als hätte Gott mich mit einer anderen Frau verwechselt .

„Deine Hoffnungen und Ambitionen waren so einfach", würde ich sagen, aber das gefiel ihr nicht. „ So einfach waren sie nicht", antwortete sie errötend.

Es widerstrebt mir, diese glücklichen Tage zu verlassen, aber ich muss mich dem Ende stellen, und während ich schreibe, kommt es mir vor, als würde ich sehen, wie meine Mutter kleiner wird und ihr Gesicht wehmütiger wird, und sie verweilt immer noch bei uns, als hätte Gott gesagt: „Kind von." meine, deine Zeit ist gekommen, fürchte dich nicht.' Und sie hatte keine Angst, aber sie blieb noch, und Er wartete lächelnd. Ich habe ihr nie etwas aus dem letzten Buch vorgelesen; Als es fertig war , war sie zu alt, um einer Geschichte zu folgen. Für mich war das so, als müsste mein Buch kalt in die Welt hinausgehen (wie alles, was danach von mir kommen könnte), und meine Schwester, die mehr an andere und weniger an sich selbst dachte als jeder andere Mensch, den ich kannte, Als ich das sah, brachte ich meine Mutter auf eine für einen Mann unvorstellbare Weise dazu, wieder die Frau zu sein, die sie einmal gewesen war. An einem Tag, aber drei Wochen vor ihrem Tod wurden mein Vater und ich leise nach oben gerufen. Meine Mutter saß kerzengerade, wie sie es liebte, in ihrem alten Stuhl am Fenster, mit einem Manuskript in der Hand. Aber sie blickte sich verständnislos um. „Nur um ihm eine Freude zu machen", flüsterte meine Schwester, und dann begann meine Mutter mit leiser, zitternder Stimme zu lesen. Ich sah meine Schwester an. Tränen des Kummers liefen ihr übers Gesicht. Bald wurde das Lesen sehr langsam und hörte auf. Nach einer Pause erinnerte meine Schwester sie: „Du solltest ihm etwas sagen." „Glück", murmelte eine Stimme wie aus den Toten, „Glück." Und dann erschien das alte Lächeln auf ihrem Gesicht wie ein Lampenanzünder, und sie sagte zu mir: „Ich bin zu weit gegangen, um zu lesen, aber ich glaube, ich bin wieder dabei!" Mein Vater legte ihr ihr Testament in die Hände, und am 14. Johannestag fiel es – wie immer – auf. Sie bemühte sich zu lesen, konnte es aber nicht. Plötzlich bückte sie sich und küsste die breite Seite. „Geht das stattdessen?" Sie fragte.

KAPITEL

—

Jahrelang hatte ich versucht, mich auf den Tod meiner Mutter vorzubereiten, vorherzusagen, wie sie sterben würde, und mich selbst zu sehen, als sie tot war. Schon damals wusste ich, dass es etwas Vergebliches war, aber ich bin mir sicher, dass es nichts Morbides war . Ich hoffte, dass ich am Ende bei ihr sein würde, nicht als der, den sie zuletzt ansah, sondern als der, von dem sie sich abwenden würde, nur um ihren Liebsten anzusehen. Nicht mein Arm, sondern der meiner Schwester sollte um sie gelegt sein, als sie starb. Nicht meine Hand, sondern die meiner Schwester sollte ihre Augen schließen. Ich wusste, dass ich sie möglicherweise zu spät erreichen würde; Ich sah, wie ich eine Tür öffnete, wo niemand war, der mich begrüßte, und die alte Treppe hinauf in das alte Zimmer ging. Aber was ich nicht vorhergesehen hatte, war das, was passierte. Ich hätte kaum gedacht, dass es passieren könnte, dass ich die alte Treppe hinaufsteigen und durch die Tür gehen würde, hinter der meine Mutter tot lag, und zuerst ein anderes Zimmer betreten und dort auf die Knie gehen würde.

Lieblingsparaphrase meiner Mutter ist in unserem Haus als „Davids" bekannt, weil es die letzte war , die er zu wiederholen lernte. Es war auch das Letzte, was sie las —

> Hast du Angst, dass seine Macht versagen wird?
> Wann kommt dein böser Tag? Und kann ein alles
> erschaffender Arm müde werden oder verfallen?

Ich hörte, wie ihre Stimme stärker wurde, als sie es las, ich sah, wie ihr schüchternes Gesicht Mut gewann, aber als mein schlimmer Tag kam, dann hatte ich zu meinem Unglück Angst vor dem Anbruch.

In diesen letzten Wochen starb meine Schwester im Sterben, obwohl wir es nicht wussten. Viele Jahre lang hatte sie ihr Leben Stück für Stück, für ein weiteres Jahr, einen weiteren Monat, zuletzt für einen weiteren Tag ihrer Mutter hingegeben, und nun war sie erschöpft. „Ich werde dich nie verlassen, Mutter." – „ Gut, ich weiß, dass du mich nie verlassen wirst." Ich fand diesen Schrei damals so erbärmlich, aber seine volle Bedeutung sollte ich erst erkennen, wenn er nur noch das Echo eines Schreis war. Als ich diese beiden betrachtete, war es für mich, als ob meine Mutter sich auf den Weg in das neue Land gemacht hätte und meine Schwester sie zurückgehalten hätte. Aber ich sehe jetzt mit einer klareren Sicht. Es ist nicht mehr die Mutter, sondern die Tochter, die vorne ist, und sie schreit: „Mutter, du bleibst so lange am Ende, ich muss schlecht auf dich warten."

Aber sie wusste genauso wenig wie wir, wie es sein würde; Auch wenn sie müde wirkte, als wir sie auf der Treppe trafen, war sie immer noch die fröhlichste und aktivste Figur im Zimmer meiner Mutter. Sie beschwerte sich nie, außer als sie sich auf den Weg machen musste, der sie eine halbe Stunde trennte. Wie widerwillig sie ihre Haube aufsetzte, wie wir sie dazu drücken mussten und wie oft sie, nachdem sie bis zur Tür gegangen war, zurückkam, um an der Seite meiner Mutter zu stehen. Manchmal, wenn wir vom Fenster aus zusahen, konnte ich nicht anders als zu lachen, und doch schmerzte es mich im Herzen, sie beharrlich weitereilen zu sehen, ohne ein Auge für rechts oder links, nichts in ihrem Kopf als die Rückkehr. Es war immer mein Vater im Haus, der nie ein hingebungsvollerer Ehemann war als er, und oft gab es andere, insbesondere eine Tochter, aber sie wagten es kaum, sich um meine Mutter zu kümmern – diese riss ihnen eifersüchtig den Kelch aus der Hand . Meiner Mutter hat es von ihr am besten gefallen. Das wussten wir alle. „Mir gefallen sie gut, aber ich kann nicht ohne dich auskommen." Meine Schwester, die in allen anderen Dingen so selbstlos war, hatte eine unermüdliche Leidenschaft, es uns vorzuführen. Es war der reiche Lohn ihres Lebens.

Die anderen sprachen untereinander darüber, was bald kommen musste, und sie hatten Tränen, die ihnen halfen, aber diese Tochter wollte nicht darüber sprechen, und ihre Tränen ließen immer lange auf sich warten. Ich wusste, dass sie Tag und Nacht versuchte, sich auf eine Welt ohne ihre Mutter vorzubereiten, aber sie musste dumm bleiben; Keiner von uns war so schottisch wie sie, sie musste ihre Qualen allein ertragen, eine tragische, einsame Schottin. Selbst meine Mutter, die uns so ruhig von der kommenden Zeit erzählte, konnte es ihr gegenüber nicht erwähnen. Diese beiden, die eine im Bett, die andere sich über sie beugend, konnten sich nur lange ansehen, bis meiner Schwester langsam die Tränen in die Augen traten und meine Mutter dann ihr nasses Gesicht abwandte. Und noch immer sagte keiner ein Wort, jeder wusste so gut, was in den Gedanken des anderen vorging, so eloquent sprachen sie schweigend: „Mutter, ich möchte dich nur ungern gehen lassen" und „Oh meine Tochter, jetzt, wo meine Zeit nahe ist, Ich wünschte, du würdest mich nicht so gern haben.' Aber als die Tochter entwischt war, ergriff meine Mutter meine Hand und rief: „Ich überlasse sie dir; Siehst du, wie sie gesät hat, es wird von dir abhängen, wie sie ernten soll.' Und ich habe Versprechungen gemacht, aber ich nehme an, keiner von uns hat gesehen, dass sie bereits geerntet hat.

In der Nacht wachte meine Mutter möglicherweise auf und setzte sich verwirrt über das, was sie sah, im Bett auf. Während sie schlief, waren sechs oder mehr Jahrzehnte zurückgekehrt und sie befand sich wieder in ihrer Kindheit; Als sie sich plötzlich daran erinnerte, war ihr schwindelig, wie im Rausch der Jahre. Wie war sie in dieses Zimmer gekommen? Als sie gestern

Abend zu Bett ging, nachdem sie das Abendessen für ihren Vater zubereitet hatte, stand eine Kommode am Fenster: Was war aus dem Salzeimer, dem Essensbottich, den Schinken geworden, die eigentlich an den Dachsparren hingen? Es gab keine Sparren; es war eine tapezierte Decke. Sie hatte oft von offenen Betten gehört, aber wie kam es, dass sie in einem lag? Um diese Dinge zu ergründen , sprang sie aus dem Bett und stellte zu ihrem Schrecken fest , dass es Wehen waren, als wäre sie in der Nacht krank geworden. Als ich hörte, wie sie sich bewegte, klopfte ich vielleicht an die Wand, die uns trennte, denn das war ein zwischen uns vorher vereinbartes Zeichen dafür, dass ich in der Nähe war und alles in Ordnung war, aber manchmal schien das Klopfen der Vergangenheit anzugehören, und sie weinte: „Das ist mein Vater, der an der Tür steht. Ich muss aufstehen und ihn hereinlassen." Sie schien ihn zu sehen – und es war jemand, der viel jünger war als sie selbst –, der mit Schnee bedeckt war und Klumpen davon von seinen Stiefeln trat, seine Hände geschwollen und rissig von Sand und Nässe. Dann hörte ich – es war ein alltägliches Erlebnis in dieser Nacht –, wie meine Schwester sie liebevoll tröstete, das Licht andrehte, um ihr zu zeigen, wo sie war, und ihr zum Fenster half, damit sie sehen konnte, dass es überhaupt keine Schneenacht war Sie belustigte sie, indem sie nach unten ging, die Außentür öffnete und in die Dunkelheit rief: „Ist da jemand?" und wenn das nicht reichte, wickelte sie meine Mutter in Tücher und führte sie durch die Zimmer des Hauses, zündete sie nacheinander an, zeigte auf vertraute Gegenstände und führte sie so langsam durch die über sechzig Jahre, in denen sie zu schnell gesprungen war . Und vielleicht endete es damit, dass meine Mutter an mein Bett kam und wehmütig sagte: „Bin ich eine alte Frau?"

Aber selbst in der letzten Woche, in der ich sie sah, war sie bei Tageslicht wieder auf den Beinen, denn obwohl sie erbärmlich gebrechlich war, litt sie nicht mehr unter irgendwelchen Beschwerden. Ihr schien es verhältnismäßig so gut zu gehen, dass ich, da ich immer noch die Reste einer Krankheit abzuschütteln hatte, einen Urlaub in der Schweiz machen und dann für sie zurückkehren sollte, als wir alle in das geliebte Herrenhaus ihrer geliebten Frau gehen sollten Bruder im Westen des Landes. Sie hatte also viele Vorbereitungen im Kopf, und der Morgen war die Zeit, in der sie die Kraft hatte, sie auszuführen. Ihr Haus zu verlassen, war für sie schon immer eine einmonatige Arbeit gewesen, es musste in so perfekter Ordnung zurückgelassen werden, jede Ecke besichtigt und gereinigt, jede Truhe bis auf den Grund untersucht, die Wäsche herausgehoben, untersucht und liebevoll zurückgelegt, als wollte sie es anfertigen In ihrer Abwesenheit ließ es sich leichter lügen, Regale mussten neu tapeziert werden, eine anstrengende Woche war der Mansarde gewidmet. Weniger erschöpfend, aber mit viel von der alten Freude in ihrem Haus, geschah dies zum letzten Mal, und dann holte sie ihre eigenen Kleider heraus, breitete sie auf dem Bett aus und betastete sie genüsslich und so weiter die Beratungen darüber sollten zurückgelassen werden. Ah, wunderschöner Traum! Ich klammerte mich jeden Morgen daran fest; Ich würde nicht hinsehen, wenn meine Schwester darüber den Kopf schüttelte, aber lange bevor jeder Tag zu Ende war , wusste auch ich, dass das niemals passieren konnte. Es war schon oft wahr geworden, aber nie wieder. Wir beide wussten es, aber als meine Mutter, die immer so lange vorher vorbereitet sein musste, nach ihrem Koffer und ihren Bandschachteln rief, brachten wir sie zu ihr und standen schweigend da und schauten zu, während sie packte.

Es kam der Morgen, an dem ich gehen sollte. Es war hundertmal passiert, als ich ein Junge war, als ich Student war, als ich ein Mann war, als sie mir groß und stark vorgekommen war, als sie so klein war und ich es war, der meine Arme um sie legte ihr. Aber es war immer die gleiche Szene. Ich soll nicht darüber schreiben, über den Abschied und das Zurückdrehen auf der Treppe, über die beiden Menschen, die zu lächeln versuchten, über den erneuten Aufbruch und den Schrei, der mich zurückbrachte. Ich werde auch nicht mehr über die stille Gestalt im Hintergrund sagen, immer im Hintergrund, immer in der Nähe meiner Mutter. Das letzte, was ich von diesen beiden sah, war vom Tor aus. Sie waren am Fenster, das mir nie aus den Augen geht. Ich konnte das Gesicht meiner lieben Schwester nicht sehen, denn sie beugte sich über meine Mutter, zeigte auf mich und forderte sie auf, mit der Hand zu winken und zu lächeln, weil es mir so gefiel. Diese Aktion war ein Sinnbild für das Leben meiner Schwester.

Ich war schon vierzehn Tage weg, als mir das Telegramm in die Hände gelegt wurde. Ein paar Stunden zuvor hatte ich einen Brief von meiner Schwester erhalten, in dem es hieß, dass zu Hause alles in Ordnung sei. In dem Telegramm hieß es in fünf Worten, dass sie in der Nacht zuvor plötzlich gestorben sei. Von meiner Mutter wurde keine Rede, und ich war drei Tagesreisen von zu Hause entfernt.

Die Nachricht, die ich bei meiner Ankunft in London erhielt, lautete: Meine Mutter verstand nicht, dass ihre Tochter tot war, und sie warteten darauf, dass ich es ihr sagte.

Ich hätte nicht so ein Feigling sein müssen. So starben diese beiden — schließlich war ich um zwölf Stunden zu spät, um meine Mutter lebend zu sehen.

Ihre letzte Nacht war fast fröhlich. Früher war die Stunde, bevor das Gas meiner Mutter gesenkt wurde, so oft die glücklichste, dass meine Feder beim Schreiben immer wieder darauf zurückgreift: Es war die Zeit, in der meine Mutter lächelnd im Bett lag und wir uns wie um sie versammelten Spielende Kinder, unsere Zurückhaltung auf dem Boden verstreut oder spielerisch von Hand zu Hand geworfen, der Autor wurde so ausgelassen, dass sie ihn in den Pausen mit Gewalt im Zaum hielten. Ziemlich traurig waren in letzter Zeit einige Versuche gewesen, diese Abende zu erneuern, an denen meine Mutter an den Rand dieser Abende gebracht werden konnte, als würde ein vertrautes Echo sie rufen, aber wo sie war , wusste sie nicht genau, weil die Vergangenheit in ihren Ohren dröhnte wie ein großes Meer. Aber diese Nacht war ein letztes Geschenk für meine Schwester. Die Freude ihrer Stimmen lockte die anderen im Haus nach oben, wo meine Mutter mehr als eine Stunde lang der Mittelpunkt einer fröhlichen Party war und so frei von geistigem Blick war, dass sie, die zunächst vorsichtig waren, sich dem Sport hingaben, und Was auch immer sie sagten, in Form einer humorvollen Aufmunterung, sie setzte sofort den Schlusspunkt, indem sie ihre Pfeile gegen sich selbst richtete, bis sie zur Selbstverteidigung drei zu eins standen und die drei hart bedrängt wurden. Wie sich meine Schwester gefreut haben muss. Wieder einmal konnte sie schreien: „Gab es jemals so eine Frau!" Sie erzählen mir, dass auf dem Gesicht der Tochter eine solche Freude zu sehen war, dass meine Mutter darüber einen Kommentar abgab, dass sie sich, nachdem sie aufgestanden waren, um zu gehen, wieder hinsetzten, fasziniert von der Ausstrahlung dieser beiden. Und als sie schließlich gingen, waren die letzten Worte, die sie hörten: „Sie sind weg, weißt du, Mutter, aber ich bin hier, ich werde dich nie verlassen" und „Na, du wirst mich nicht verlassen; Gut, das weiß ich.' Noch einige Zeit später waren ihre Stimmen von unten zu hören, aber worüber sie sprachen, ist nicht bekannt. Und dann kam Stille. Wäre ich zu Hause gewesen, wäre ich mehrmals wieder im Zimmer gewesen, hätte sanft die Klinke der Tür drehen, sie loslassen sollen, damit sie nicht knarrte, und dann dagestanden und sie angesehen. Das war schon tausend Mal so gewesen. Aber wäre ich in dieser Nacht wieder mit beruhigtem Geist hinausgeschlüpft, oder hätte ich die Veränderung kommen sehen sollen, während sie schliefen?

Lassen Sie es in den wenigsten Worten erzählen. Meine Schwester wachte am nächsten Morgen mit Kopfschmerzen auf. Sie war schon immer eine Märtyrerin von Kopfschmerzen gewesen, aber diese schien, wie viele andere auch, ungewöhnlich heftig zu sein. Dennoch stand sie auf, zündete das Feuer meiner Mutter an, brachte ihr Frühstück und musste dann wieder ins Bett. Sie war nicht in der Lage, mir ihren täglichen Brief zu schreiben, in dem sie schrieb, wie es meiner Mutter ging, und fast das Letzte, was sie tat, war, meinen Vater zu bitten, ihn zu schreiben, und nicht zu sagen, dass sie krank sei, denn das würde mich beunruhigen. Der Arzt wurde gerufen, doch sie wurde schnell bewusstlos. In diesem Zustand wurde sie vom Bett meiner Mutter in ein anderes gebracht. Es wurde festgestellt, dass sie an einer inneren Krankheit litt. Niemand hatte es erraten. Sie selbst wusste es nie. Es konnte nichts getan werden. In dieser Bewusstlosigkeit verstarb sie, ohne zu wissen, dass sie ihre Mutter verlassen würde. Hätte ich, als ich von ihrem Tod hörte, gewusst, dass ihr dieser Schmerz erspart geblieben war, hätte ich sicherlich mutiger mit den Worten nach Hause gehen können:

Hast du Angst, dass seine Macht versagt?
Wann kommt dein böser Tag?

Ah, das würden Sie denken, ich hätte es denken sollen, aber jetzt weiß ich es selbst. Als ich in London ankam , hörte ich, wie meine Schwester starb, aber ich hatte immer noch Angst. Ich sah mich im Zimmer meiner Mutter und erzählte ihr, warum die Tür zum Nebenzimmer verschlossen war, und ich hatte Angst. Gott hatte so viel getan, und doch konnte ich wegen des Wenigen, das noch zu tun war, nicht vertrauensvoll auf ihn blicken. „O ihr Kleingläubigen!" Das sind die Worte, die meine Mutter jetzt zu mir sagt, und sie sieht mich so traurig an.

Er hat es sehr leicht gemacht, und es kommt mir nicht mehr wunderbar vor, weil es so eindeutig sein Werk war. Meine schüchterne Mutter sah, wie derjenige, der sie niemals verlassen sollte, bewusstlos aus dem Zimmer getragen wurde, und sie brach nicht zusammen. Sie, die ihre Hände rang, wenn ihre Tochter für einen Moment weg war, fragte nie wieder nach ihr, sie hatte Angst, ihren Namen zu erwähnen; eine Ehrfurcht überfiel sie. Aber ich bin mir sicher, dass sie nicht so besorgt sein mussten. Es gibt Geheimnisse im Leben und im Tod, aber dies gehörte nicht dazu. Ein Kind kann verstehen, was passiert ist. Gott sagte, dass meine Schwester an erster Stelle stehen müsse, aber er legte in diesem Moment seine Hand auf die Augen meiner Mutter und sie war verändert.

Sie sagten ihr, dass ich auf dem Heimweg sei, und sie sagte mit einem selbstbewussten Lächeln: „Er wird so schnell kommen, wie Züge ihn bringen können." Das ist mein Lohn, das ist es, was ich für meine Bücher bekommen habe. Alles, was ich in diesem Leben für sie tun konnte, habe ich getan, seit ich ein Junge war; Wenn ich auf die Jahre zurückblicke, kann ich nicht die kleinste Sache erkennen, die noch nicht erledigt ist.

Sie wurden am sechsundsiebzigsten Geburtstag meiner Mutter zusammen begraben, obwohl zwischen ihrem Tod drei Tage vergangen waren. Am letzten Tag bestand meine Mutter darauf, aus dem Bett aufzustehen und durch das Haus zu gehen. Die Arme, die ihr so oft auf dieser Reise geholfen hatten, waren jetzt im Tod kalt, aber es gab andere, die nur weniger liebevoll waren, und sie ging langsam von Zimmer zu Zimmer wie jemand, der sich verabschiedet, und in meinem sagte sie: „Die schönen Reihen." auf Reihen von Büchern, und er sagte, jedes einzelne davon gehöre mir, ganz mein!' und im Ostzimmer, das ihr größter Triumph war, sagte sie liebkosend: „Mein verdammt schönes Zimmer!" Die ganze Zeit schien es, als gäbe es etwas, das sie wollte, aber derjenige war tot, der immer wusste, was sie wollte, und sie brachten viele Dinge hervor, über die sie den Kopf schüttelte. Sie wussten damals noch nicht, dass sie im Sterben lag, aber sie folgten ihr voller Besorgnis durch das Haus, und als sie wieder zu Bett ging, sahen sie, dass sie sehr schwach wurde. Einmal sagte sie eifrig: „Bist du das, David?" und wieder glaubte sie zu hören, wie ihr Vater den Schnee von seinen Stiefeln klopfte. Ihr Wunsch nach dem, was sie nicht benennen konnte, kam zurück, und schließlich sahen sie, dass das, was sie wollte, das alte Taufkleid war. Es wurde ihr gebracht, und sie entfaltete es mit zitternden, jubelnden Händen, und als sie sich vergewissert hatte, dass es immer noch von jungfräulicher Schönheit war, umschlossen ihre alten Arme es anbetend, und auf ihrem Gesicht lag der unbeschreibliche, geheimnisvolle Glanz der Mutterschaft. Plötzlich sagte sie: „ Was?" Kind ist tot? ist ein Kind von mir tot?' aber die Zuschauer wagten es nicht zu sprechen, und dann wiederholte sie langsam, als müsste sie sich nur anstrengen , unsere Namen laut in der Reihenfolge, in der wir geboren wurden. Nur einen, der unter den Zehn hätte Dritter werden sollen, ließ sie aus, den im Nebenzimmer, aber am Ende, nach einer Pause, sagte sie ihren Namen und wiederholte ihn immer und immer wieder, als ob sie darüber verweilte Es war die erlesenste Musik und dies ihr sterbendes Lied. Und doch war es ein sehr alltäglicher Name.

Sie wussten jetzt, dass sie im Sterben lag. Sie sagte ihnen, sie sollten das Taufgewand zusammenfalten, und sah ihnen fast scharf zu, wie sie es wegräumten, und dann sprach sie eine Zeit lang von dem langen, schönen Leben, das sie gehabt hatte, und von Ihm, dem sie es schuldete. Sie verabschiedete sich von allen, wandte schließlich ihr Gesicht der Seite zu, auf der ihr Liebster gelegen hatte, und betete über eine Stunde lang. Sie fingen die Worte nur hin und wieder auf, und das letzte, was sie hörten, waren „Gott" und „Liebe". Ich glaube, Gott lächelte, als er sie zu sich nahm, so wie er sie in diesen sechsundsiebzig Jahren so oft angelächelt hatte.

Ich sah sie tot daliegen und ihr Gesicht war wunderschön und heiter. Aber es war das andere Zimmer, das ich zuerst betrat, und an der Seite meiner Schwester fiel ich auf die Knie. Das abgerundete, vollständige Leben einer Frau, das das meiner Mutter war, war für sie nicht gewesen. Für den Preis würde sie es nicht haben. „Ich werde dich nie verlassen, Mutter." – „ Gut, ich weiß, dass du mich nie verlassen wirst." Die wilde Freude, zu viel zu lieben, ist eine schreckliche Sache. Der Mund meiner Schwester war fest geschlossen, als hätte sie ihren Willen durchgesetzt.

Und jetzt bin ich ohne sie da, aber ich vertraue darauf, dass meine Erinnerung jemals an diese glücklichen Tage zurückgehen wird, nicht um sie zu überstürzen, sondern um hier und da herumzutrödeln, während meine Mutter durch meine Bücher schlendert. Und wenn ich auch eine Zeit erlebe , in der das Alter meinen Geist trüben muss und die Vergangenheit wie die Schatten der Nacht über die kahle Straße der Gegenwart zurückkommt, wird es, glaube ich, nicht meine Jugend sein, sondern ihre, nicht eine Ein Junge, der sich an den Rock seiner Mutter klammert und schreit: „Warte, bis ich ein Mann bin, dann liegst du auf Federn", sondern ein kleines Mädchen in einem magentafarbenen Kleid und einer weißen Schürze, das singend durch die langen Parks auf mich zukommt vor sich hin und trug das Abendessen ihres Vaters in einem Krug.

DAS ENDE